CATALUNYA

歴史のなかのカタルーニャ

史実化していく「神話」の背景

山川出版社

●カバー表／扉写真
「刈り取り人の乱」
（アントニ・アストルック・イ・ブロス作、サバデイ美術館所蔵）

●カバー裏写真
カタルーニャの「国旗」を掲げてスペインへの抗議をアピールするデモ行進の様子
（2010年7月10日、バルセロナ中心部にて）

写真提供元：ユニフォトプレス

歴史のなかのカタルーニャ

史実化していく「神話」の背景

目次

はじめに

——単一アイデンティティの追求と社会的軋轢の増加

二〇一七年十月の「独立宣言」

カタルーニャ「独立宣言」

二〇一七年十月、スペイン北東部のカタルーニャ州（スペインの一七自治州の一つ）は世界中の注目を集めた。十月一日、プッチダモンを州首相とする自治州政府はスペイン中央政府からの繰り返しの警告にもかかわらず、現行の一九七八年憲法規定からすると明らかに違憲とされる「二〇一七年カタルーニャ民族自決権レファレンダム」と称した州住民投票を強行した。違法な投票行動を阻むために送られた国家警察の一部の行き過ぎた行動は内外のマスメディアによって批判的に報道された。弾圧を過剰に演出するためのフェイク画像も分離独立派から意図的に流され、スペイン政府があたかも独裁政権のようなイメージがＳＮＳを通じて拡散された。

「カタルーニャが共和国として独立国家となることを望みますか」という問いかけに賛成票は九〇%を超えて、州政府は「独立国家になる権利を得た」と発表した。しかし投票率は四三%と過半数を下回っていた。二日後の十月三日に州住民投票で約九〇〇人の負傷者が出たことに抗議するストライキが実施されたが、十月八日には立憲主義（一九七八年憲法と自治州国家体制の擁護）を唱えて分離独立に反対する大規模デモがバルセローナでおこなわれた。独立問題をめぐってカタルーニャ社会の亀裂は深まっていた。中央政府と州政府の対立は抜き差しならないものになり、十月二十一日にラホイ首相の国民党政権がカタルーニャ州の自治権停止をおこなう用意があると発表すると、プッチダモン州首相と分離独立推進派議員は頑なに抵抗した。

そして十月二十七日、州議会は本会議を開いて、独立反対派の諸政党が欠席するなかで、異例の無記名投票のかたちで「独立宣言」を可決した。「カタルーニャ民族（ポブラ）の民主的代表である我われは、民族自決の権利の自由な行使と、カタルーニャ市民たちから受けた付託に応じて、独立で主権をもった国家としてのカタルーニャ共和国を建設する」

というものである。当然のことながらＤＵＩ（一方的独立宣言）を中央政府が許容することはなく、ただちに議会の手続きを経てカタルーニャ州の自治権を停止して、閣僚解任と議会解散をおこなった。同時に自治州首脳らに対する「内乱」容疑の捜査を開始したが、プッチダモンら七人の分離独立指導者は国外に逃亡し、いまなお拘束されていない。一方、国内にとどまって逮捕・起訴された一二人のうち九人は拘留中である（二〇一九年八月現在）。

自治権停止に踏み切ったラホイ政権は、民意を反映した州議会が新たに反独立派の州首相を選出することを期待して同年十二月二十一日に州議会選挙をおこなった。しかし結果はラホイ首相の期待通りにはならなかった。過去最高の投票率八三％であったが、一三五議席のうち独立賛成派（すべてが急進的な分離独立推進派というわけではない）が七〇議席と過半数を超え、数カ月の混乱を経てもなおカタルーニャの人びとのあいだに独立意識と中央政府への反発意識が高いことが明らかとなったのである。[1]

単一的カタルーニャ・アイデンティティと歴史認識

「スペインからの独立」という抜き差しならぬ対立軸によってカタルーニャ社会が分断されていることは、まぎれもない事実である。二〇一二年九月から政治日程に上がった「独立プロセス」（カタルーニャ州政府はこれをカタルーニャ語で「プルセス（Procés）」という）は、多くの幻想を人びとに抱かせ、分離独立の行動を先鋭化させた。[2] カタルーニャの人びとがいかに冷静さを失ってしまったか、とくに分離独立をめざす人びとがいかに不寛容になったかは、多くの識者が指摘するところである。[3] この現状に関しては、とくにエドゥアルド・メンドサの評論を参照していただきたい。[4]

しかし、現在も半数に近い人びとが分離独立をめざす諸政党に投票しているのはまぎれもない事実である。こうした人びとのもつカタルーニャ・アイデンティティを、偏狭な民族主義であると非難しても始まらない。このアイデンティティ形成に寄与しているのは、スペインとカタルーニャの相互の歴史的対抗だけではない。実際の歴史的対抗とは大きく異なる「カタルーニャ民族の抵抗」という歴史像をつくりあげ、人びとを「ただ一つの民

「カタルーニャ、ただ一つの民族」のスローガンのもと、人びとに保守党（CiU）への支持を求めるアルトゥル・マス（2010年9月6日）。マスは、その後「独立プロセス」を本格化させる。

族（Un sol poble）」へと収斂させようとする長年の動きが、とくに近年の政治的・経済的混乱のなかで活発化しているのである。

したがって、カタルーニャに対する視座を冷静なものにするには、人びとのカタルーニャ・アイデンティティもまた複合的なものであるという至極当たり前の事実に立ち戻る必要がある。本書では、そうした問題関心に立って、分離主義者のもちだす「歴史神話」をできるだけ排除するかたちで、複合的なものであるはずのカタルーニャの歴史と現代の政治状況を概観しようと思う。そして、時代と社会状況のなかで地域への帰属意識を変化させながら、カタルーニャという地域についてのさまざまな構想が生み出されてきたことを確認したい。これはカタルーニャ固有の文化を否定するものではないし、ましてやスペイン・ナショナリズムに同調しようとするものでもない。

分離独立派による「独立宣言」の論拠

二〇一七年十月二十七日に独立賛成派が州議会で採択した「独立宣言」にみられる歴史的・政治的論拠を確認しておきたい。[5]まず興味深いのは、スペインから受ける「非常に不公平な経済的扱い」と「言語的・文化的差別」という言葉があげられているが、一〇年代の「独立プロセス」で大衆動員の際に盛んに使われたような重みをもっては言及されていないことである。当時、分離独立指導者たちは「スペインが我われから奪っている(Espanya ens roba)」というスローガンを立てて独立後にはリーマンショックで打撃を受けた経済的豊かさが回復すると謳っていたことに注意したい。[6]また、言語的・文化的差別という言葉は、フランコ独裁体制（一九三九〜七五年）の抑圧を連想させて分離独立主義への共感を呼びおこすが、メンドサが指摘するように、カタルーニャの現状とはかけ離れた認識である[7]。

冒頭の書き出しから「独立宣言」が強調するのは、「カタルーニャのネイション、言語、文化」が「一〇〇〇年の長い歴史」をもつということである。すでに一九八八年に自治州肝入りで「カタルーニャ建国一〇〇〇年」を祝っている以上、こうした書き方がされるが、本書第三章からの歴史概観で後述するようにこれは史実に反している。またカタルーニャが何世紀にもわたって「完全な自主統治権（l'autogovern amb plenitude）」を享受してきたということ、そしてジャナラリタットが「カタルーニャの歴史的諸権利の最高の表現体」であったということが強調されるが、現在、自治州政府をさすジャナラリタットは、前近代には身分制議会の「議会常設代表部」をさす言葉であって、両者の権限には隔たりが大きい。十三世紀末にこの機関が設けられたときには議会閉会中の臨時租税徴収を担うにすぎず、一定の統治機関の機能を得るには中世末を待たなければならない。現在の州首相キム・トーラが第一三一代だといって歴史的連続性を誇るが、これも史実にはもとづかない。[8] いずれにしろ分離独立派は、現代的な意味の議会と身分制議会とを区別せずに、カタルーニャは議会主義の伝統をもつと主張しているのだ。

さらに、一七一四年九月十一日に断ち切られた議会主義の伝統を長い時間をかけて回復していまや「完全な主権（la seva plena sobirania）」を復活させると一方的に断言する。というのも、「スペイン国家（l'estat espanyola）」は、一九七八年憲法制定以後にカタルーニャが国家のために忠誠を尽くしてきたのにもかかわらず、「この忠誠に対してカタルーニャをネイションとして認めることを拒み続け、限られた自治権しか付与せず」に、「非常に不公平な経済的扱い」と「言語的・文化的差別」をおこなっているからであるとする。

そこでカタルーニャは民族自決権のレファレンダム（州住民投票）実施を要求したのだが、スペイン国家はこれを拒み、カタルーニャ州政府が正当にもレファレンダムを実施すると、「カタルーニャの自主統治権」を停止して事実上の戒厳令を敷いた、と糾弾する。国家警察の行動は凄まじく何千人もの人びとが逮捕され拘禁されたが、カタルーニャ市民たちの大多数はカタルーニャ共和国の建設に賛成票を投じた。こうしてカタルーニャ州議会は、民族自決権の自由な行使によって、カタルーニャ共和国の建設を宣言し、「共和国創設法的移行措置法」を発行させると決定したとする。

以上、「独立宣言」で分離独立派議員たちは、カタルーニャはかつては「完全な自主統治権」を享受していたが、三〇〇年前に廃止されてしまい、その後の苦難の過程を経て、四〇年前に州政府を再建したが、スペイン国家がカタルーニャをネイションとして認めず限られた自治しか与えようとしないが故に、やむを得ずレファレンダムをおこない、分離独立によるカタルーニャ共和国創設を決断した、と宣べているのだ。

カタルーニャは、かつて本当に単一の自主統治権をもつ政治体であったのか、国民国家となったスペインのなかで歴史的にどのような位置を占めてきたのか、そして今後、どのような位置を占めることができるのか。歴史家は将来を予想することはできないが、これまでの歴史をできるだけ冷静に振り返ること、そして歴史神話を可能な限り明らかにすることで、プロパガンダ的言説の排除に資することはできるだろう。[9] 繰り返すが、今なお四割以上の人びとが「独立国家」を望んでいるのがカタルーニャの現状である（二〇一九年七月の最新世論調査では四四・一％)。メンドサが訴えるように、「現在に生きること、将来を考えること、そして人びとの現実的諸問題に配慮すること」によって、少しずつ社会の亀裂を修復していかなければならない。

はじめに・注

1　しかし、得票率でみると独立反対派が五二・五％であった。しかも現行の農村部に有利な議席配分を正すならば、議席配分で独立賛成派が優位に立つことはなかっただろう。

2　分離独立指導者たちが「独立プロセス」を正当化した論考は、二〇一二年にプロセスを開始した時点で、当時の州首相アルトゥル・マスの序文付きで英訳されて流布されてきた。CASTRO, Liz, ed., *What's Up With Catalonia. The Causes Which Impel Them to the Separation*, Ashfield, Mass.: Catalonia Press, 2013.

3　狭義の「独立プロセス」は二〇一二年からだが、一九七〇年代の民主化移行期からの長期のプロセスとしてこの問題は考えなければならない。CANAL, Jordi, *Con permiso de Kafka. El proceso independentista en Cataluña*, Barcelona: Península, 2018を参照。より広い歴史的パースペクティヴに立つものとして、AMAT, Jordi, *El llarg procés. Cultura i política a la Catalunya contemporània (1937–2014)*, Barcelona: Tusquets, 2015. 狭義の政治プロセスが引き起こした軋轢、とくに分離独立指導者の政治的瑕疵については、AMAT, Jordi, *La confabulació dels irresponsables*, Barcelona: Anagrama, 2017; COLL, J. et al., ed., *Anatomía del procés. Claves de la mayor crisis de la democracia española*, Barcelona: Fundación Joan Boscà, 2018を参照。「独立プロセス」に関する歴史研究者による政治社会分析は、FORTI, Steven; GONZÀLEZ I VILARTA, Arnau; UCELAY-DA CAL, Enric, eds., *El proceso separatista de Cataluña. Análisis de un pasado reciente (2006–2017)*, Alboroto (Granada): Comares, 2017.

4 MENDOZA, Eduardo, *Qué está pasando en Cataluña*, Barcelona: Seix Barral, 2017.（エドゥアルド・メンドサ著、立石博高訳『カタルーニャでいま起きていること——古くて新しい、独立をめぐる葛藤』、明石書店、二〇一八年）

5 この「独立宣言」は二〇一七年十月十日に作成されたものだが、政治的駆け引きのなかでこの日まで採択が延伸されていた。*Declaració dels Representants de Catalunya*, Barcelona, 10 d'octubre de 2017.

6 税制上の極端な不平等と絡めてカタルーニャの独立問題を語る論者は、少なからず州政府・分離独立主義者のプロパガンダをうのみにしているといえる。LLORACH, Joan, "El relato del

expolio. El triunfo de Junqueras", en COLL, J. et al., ed., *op. cit.*, pp. 89–115 および、BORELL, Josep; LLORACH, Joan, *Las cuentas y los cuentos de la independencia*, Madrid: Catarata, 2015を参照。

7 MENDOZA, *op. cit.* 州政府はDIPLOCAT（カタルーニャ公的外交評議会）を二〇一二年、「独立プロセス」を政治日程に上げると同時に立ち上げて、諸外国の政府・知識人から独立への支持を集める動きを本格化した。差別や抑圧という言葉に敏感な知識人たちが、現実を十分に把握しないままカタルーニャの状況を憂えるというキャンペーンに賛同する例がたびたび見られた。最近では二〇一九年五月十五日にスコットランドの独立派新聞 *The National* に「カタルーニャでは絶えず市民的権利が脅かされている」という一五〇人の諸外国の大学人の賛同署名入りの記事が掲載された。これに対してはJ・H・エリオット、アルバレス・フンコといった高名なスペイン史研究者を含む二〇〇人以上の学者の署名を添えた反論記事が、五月二十六日付けで同紙に掲載された。これは、州政府の分離主義プロパガンダを非難して、「独立プロセス」こそが「カタルーニャ社会の憂慮すべき状況悪化」を引き起こしたと糾弾している。

8 十三世紀末に起源をもつ議会常設代表部は、一三五九年に文字通りの常設機関となって三身分の代表三人がこれを構成することとなったが、聖職者代表が議長を務め、中世末の政治的混乱期には権限を強めた。爾来、一七一四年に廃止されるまで、この機関の議長は一二一人を数える。現在の自治州政府は、この前近代との連続性を強調するために、一九三二年に誕生した自治州政府を歴史的復権と位置づけ、州首相マシアを第一二二代とする。フランコ時代の亡命自治州政府首相も歴代の数に加えていることは言うまでもない。

9 このことに力点を置いたカタルーニャ通史として、TORTELLA, Gabriel et al., *Cataluña en España. Historia y mito*, Madrid: Gadir, 2016 を参照。

第1章

カタルーニャ州とアイデンティティの錯綜

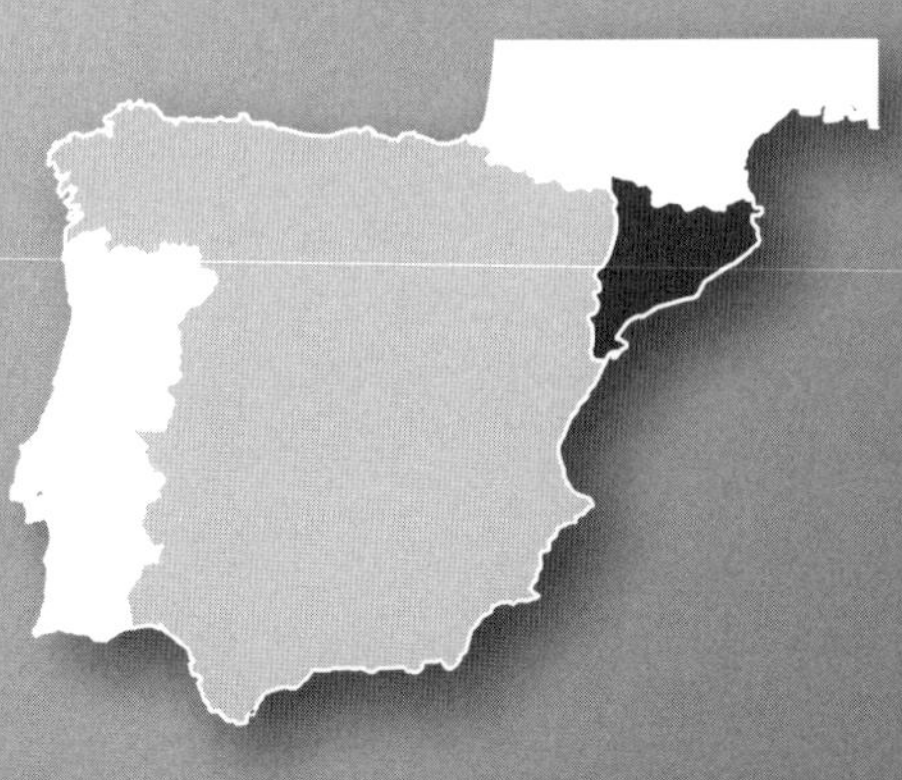

第1節　カタルーニャ州の領域的特徴

カタルーニャ州の領域基本データ

「独立宣言」では独立主権国家たるカタルーニャ共和国が実現したあかつきには世界の諸民族との友愛と連帯を誓うと述べるが、「言語と文化を共有する人びと」との関係をとくに重視するとしている。中世カタルーニャの領域拡大を通じて、カタルーニャ語を話す人びとは域外にも大きく広がっているからである。バレンシア州やバレアレス諸島州でも公用語の位置を占めている。このカタルーニャ語圏（パイズス・カタランス）に約九〇〇万人のカタルーニャ語話者がいるという。

現在、カタルーニャ語圏の一体化を唱える汎カタルーニャ主義の論者はわずかであり、さしあたりその政治的意味は少ない。[10] しかし、カタルーニャ州の独立賛成派の人びとに過

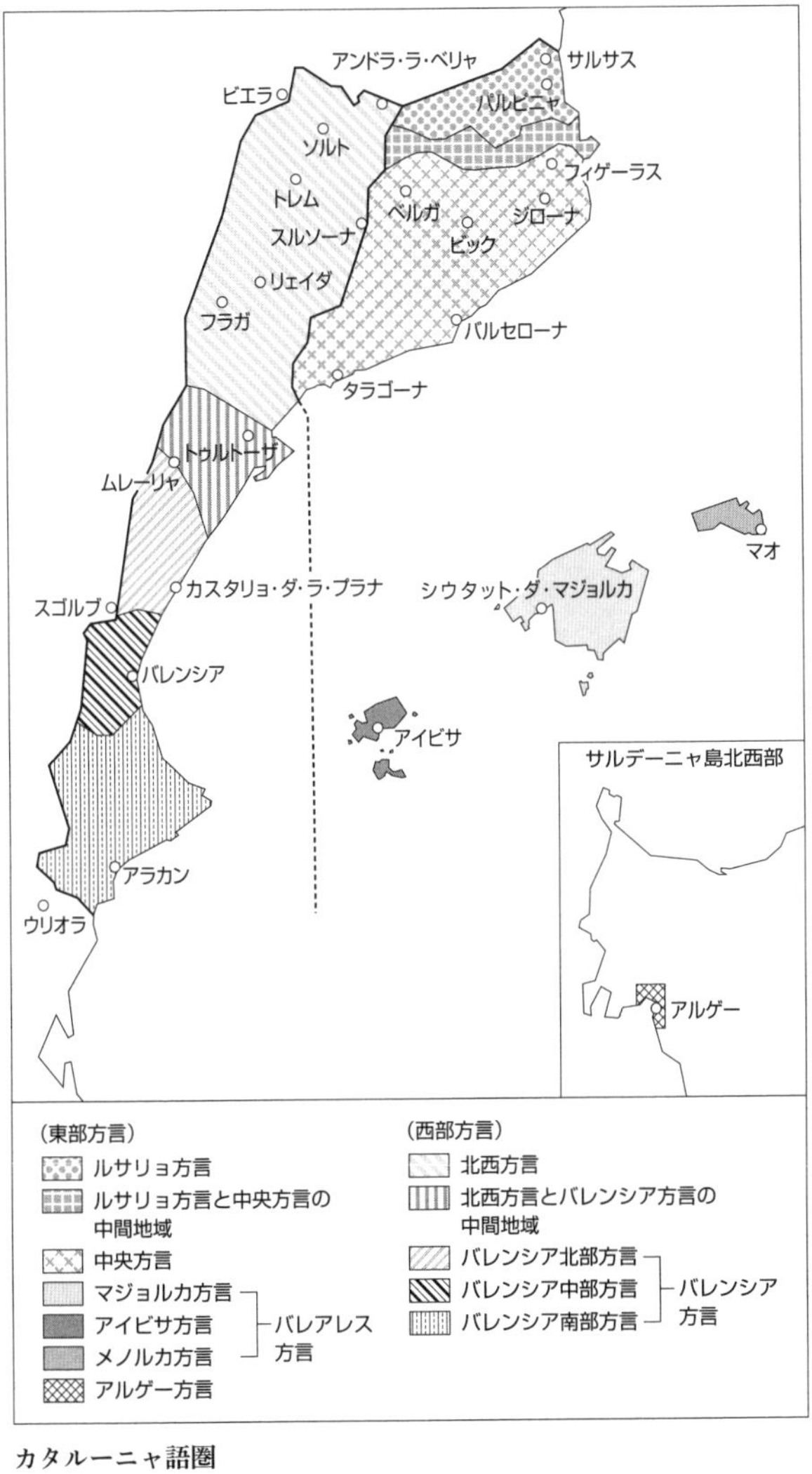

アンドラ・ラ・ベリャ
サルサス
ビエラ
パルピニャ
ソルト
フィゲーラス
トレム
ベルガ
ジローナ
スルソーナ
ビック
リェイダ
フラガ
バルセローナ
タラゴーナ
トゥルトーザ
ムレーリャ
マオ
シウタット・ダ・マジョルカ
カスタリョ・ダ・ラ・プラナ
スゴルブ
バレンシア
アイビサ
サルデーニャ島北西部
アラカン
ウリオラ
アルゲー
（東部方言）
ルサリョ方言
ルサリョ方言と中央方言の中間地域
中央方言
マジョルカ方言
アイビサ方言
メノルカ方言
バレアレス方言
アルゲー方言
（西部方言）
北西方言
北西方言とバレンシア方言の中間地域
バレンシア北部方言
バレンシア中部方言
バレンシア南部方言
バレンシア方言

カタルーニャ語圏

去の版図を歴史的栄光の事績として想起させるうえでの効果は大きい。そうであれ、分離独立主義の唱える領域は現実的にはスペインの一自治州であるカタルーニャ州である。以下、イベリア半島北東部に位置し、三角の形状をなしてその一辺がピレネー山脈に、別の一辺が地中海に面している地理的空間の領域基本データを確認しておきたい。

・自治州の面積、約三万二〇〇〇平方キロ（スペイン国土の約六％）
・四つの県（バルセローナ、ジローナ、リェイダ、タラゴーナ）、四二の郡（クマルカ）からなる自治州（一九七九年自治憲章制定後に県は行政単位としての意味をほぼ失うが、選挙区区分としては残っている）
・人口、約七五四万（二〇一八年現在、スペイン総人口の約一六％）、
　バルセローナ県、面積は約七七〇〇平方キロ、人口は約五五七万
　ジローナ県、面積は約五九〇〇平方キロ、人口は約七五万
　リェイダ県、面積は約一万二〇〇〇平方キロ、人口は四三万
　タラゴーナ県、面積は約六三〇〇平方キロ、人口は約七九万

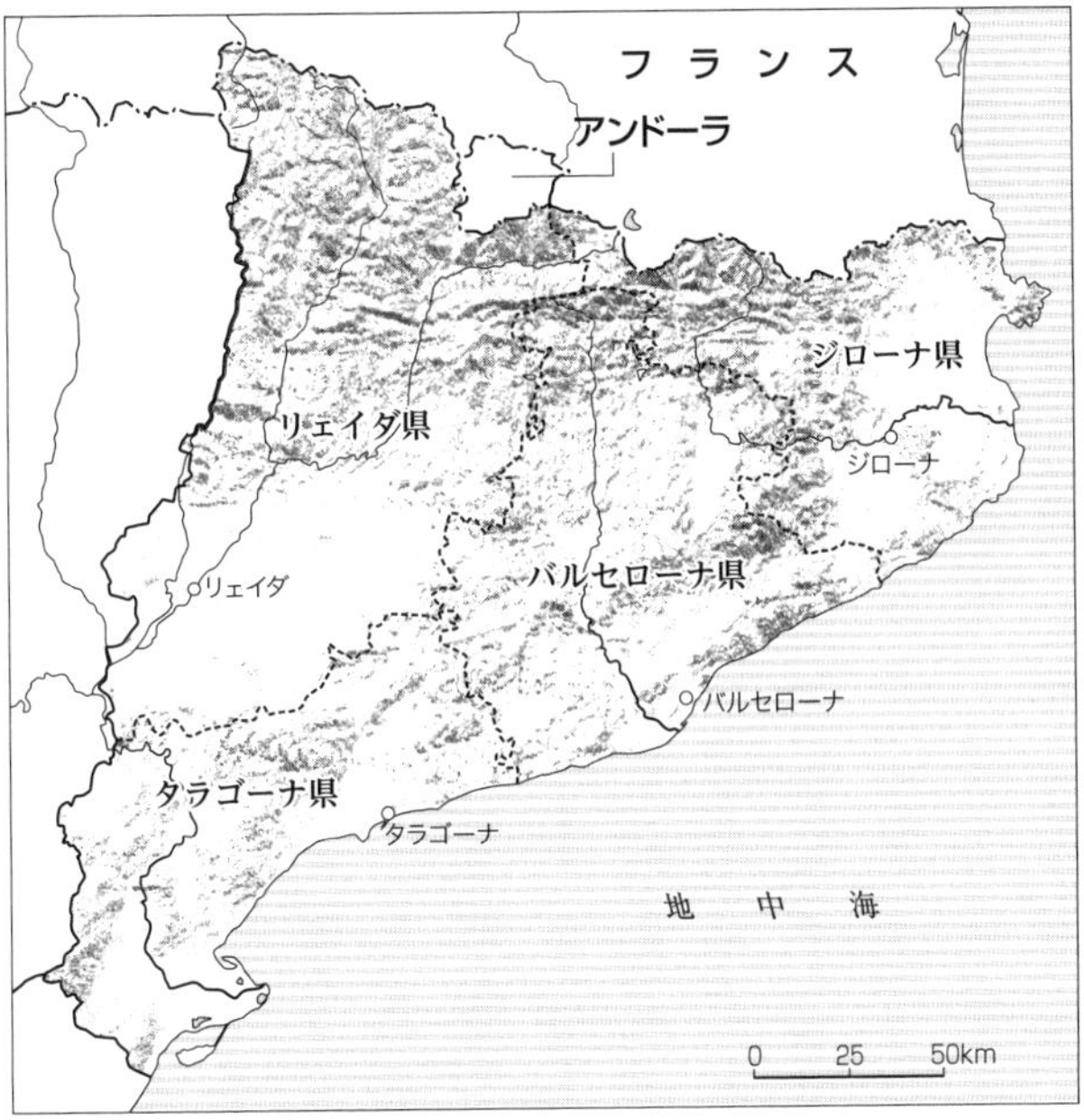

カタルーニャ州と四県区分

・公用語、スペイン語（カスティーリャ語ともいう）とカタルーニャ語（アラン渓谷ではアラン語も州域内公用語）
・自治憲章、二〇一六年改定（一九七九年制定）
・国内総生産（ＧＤＰ）に占める地域の割合、一九・〇％（二〇一五年推計値）

カタルーニャは、全国一七自治州のなかで、バスク地方やガリシアと並んで早くから自治権を獲得して、「歴史的地域」ないし「民族体」と称される。そして、これらの数値から一見してわかるように、地域固有の言語（カタルーニャ語）・文化を有し、人口の割合に比して経済活動が盛んで、スペインのなかでマドリードと並ぶ豊かな自治州の一つである。だが、人口の約七四％が商工業・サービス業の盛んなバルセローナ県に集中しており、沿岸部のバルセローナ市と内陸部の市町村との社会的コントラストは大きい。カタルーニャ域内の社会経済的な不均衡に留意せずにカタルーニャ・アイデンティティを論じることはできない。

それだけではない、カタルーニャ・アイデンティティの問題を複雑にしているのは、十九世紀以後スペインの先進工業地帯であったことを反映して、とくに沿岸部では大量の移入者を受け入れたために固有の言語であるカタルーニャ語を母語とする住民の割合が少ないことである。したがって、まずは住民構成の変化を概観し、次に各言語話者の共属意識の違いを確認したい。

住民構成の変化

一つの領域にただ一つの言語を共有する住民共同体を想定することは難しい。とくにイベリア半島のようにさまざまな民族が到来し混淆した「出会いの場」では、分離独立主義者がスローガンとするような「ただ一つの民族」の実現は不可能だ。現在の自治州を領域とするカタルーニャの地にも歴史的にみるとさまざまな人間集団が到来している。スペイン語に比してカタルーニャは言語的・文化的マイノリティだが、カタルーニャ域内にもつねに言語的・文化的マイノリティが存在した。しかし、十九世紀以後スペイン国民国家のなかでスペイン語（カスティーリャ語）が唯一の公用語とされ、カタルーニャ語が公的空間から締め出された下位言語とみなされるダイグロシア状態が生まれると、カタルーニャの地域ナショナリストにとって「言語」はきわめて重要なものになった。[11]

十九世紀後半までのカタルーニャの工業化のなかで労働機会を求めてバルセローナなどの都市部にやってくる移入者は域内の農村部出身者がほとんどであったが、二十世紀に入ると域外からの移入者、つまりスペイン語を母語とする人びとが大量に増えた。一九三〇年代の人口は約三〇〇万と推計されるがそのうち約五〇万が国内他地域出身者であったとされる。一九三四年に言語学者ファブラ・イ・ポック、民俗学者バティスタ・イ・ロカなどを含むナショナリストたちによって「カタルーニャ民族の保持のために（Per la conservació de la raça catalana）」という人口構成の問題を憂えた声明が発表された。ナショナリスト歴史家ルビラ・イ・ビルジーリは、同一言語の共有が汎カタルーニャ主義の根源にあるとして、母語の異なる移入者たちは、カタルーニャの民族的性格と領土的一体性を危険にさらす「内なる敵」になると警告した。[12]

フランコ独裁体制下の一九五〇・六〇年代は、カタルーニャの言語・文化への抑圧が続く一方で、やはり労働機会を求めてとくに経済発展から取り残されたアンダルシーアやエストレマドゥーラから多くの人びとがカタルーニャ都市部に移住した。六〇年から七五年にかけて九五万人もの人びとを受け入れた結果、七〇年の推計ですでに約三八%が国内他地域出身者であった。フランコ体制下の地域言語抑圧の政策もあって、八一年の段階でもカタルーニャ語を理解する者はカタルーニャ全体で八〇%、バルセローナ県では七七%であった。

その後、国内他地域での経済発展もあって、他地域からの移入には歯止めがかかったが、二〇〇〇年代になるとモロッコやルーマニア、中南米諸国からの移民が急増した。一一年にはすでに人口の約一五%が外国籍の者によって占められている。現代のカタルーニャ社会を理解するには、移民の問題を抜きにすることはできない。[13]

世論調査からみえる帰属意識

第3章で検討するように、一九八〇年から二〇一三年にかけて州政府首相であったJ・

プジョルが進めた言語復権政策によって、一九七〇年代とは比較にならないほどカタルーニャ語の理解は増した。二〇〇一年の調査結果ですでに、カタルーニャ語を理解できる人が九四・四％、話すことができる人が七四・六％、読むことができる人が七五・四％、書くことができる人が四九・一％となっている。一九八六年には書くことができる人は三一・五％であったから、一九八三年の言語正常化法にもとづく初等中等教育における教育言語としてのカタルーニャ語の義務化が言語復権に大きくあずかったと推定される。

一九九八年には言語政策法が制定されてカタルーニャ語の公的空間での使用強化が図られたが、人びとが家庭内という私的空間で使用する言語は、もともとのカタルーニャ出身者か域外からの移入者かに応じて基本的に異なっていたと推測される。二〇一三年の言語政策報告書によると、両親やパートナーとの会話がカタルーニャ語のみ、おもにカタルーニャ語という人びとの割合は三一％にとどまっていて、スペイン語のみ、おもにスペイン語という人びとの割合は五五％である。子どもは、それぞれ三七％、四六％であるから、カタルーニャ語の割合が高くなっている。これは、子どもの学校教育でもっぱらカタルーニャ語が使用されるという現状を反映していると思われる。普段使用する言語では、カタルーニャ語が三六％、カタルーニャ語とスペイン語の併用が七％、そしてスペイン語が四七％という調査データがある。[14]

カタルーニャの分離独立主義者のさまざまな喧伝にもかかわらず、独立賛成の割合が半数を超えられない要因のひとつが、言語アイデンティティの違いにあることは明らかである。二〇一五年十月の世論調査（世論調査センターCEOが実施）で、「カタルーニャとスペインの関係」を問う項目に、「独立国家」三八・三％、「連邦国家の一州」二三・三％、「自治州」二八・九％、「一地域」三・九％の数字が上がっているが、言語アイデンティティ別にみると、カタルーニャ語話者住民では「独立国家」七三・二％、「連邦国家の一州」一三・五％、「自治州」七・八％、「一地域」一・三％であるのに対して、スペイン語話者住民では「独立国家」一一・一％、「連邦国家の一州」二七・九％、「自治州」四七・七％、「一地域」六・九％で、両言語（二言語併用）話者住民では「独立国家」二二・二％、「連邦国家の一州」三八・八％、「自治州」三〇・〇％、「一地域」二・三％となっている。

一方、二〇一九年五月の帰属アイデンティティ調査[15]では、カタルーニャへの帰属意識は強いものの、スペインへの帰属意識が依然として存在していることを示す。このデータ（質問6）では、「カタルーニャのみ」は二六・一％、「スペインよりカタルーニャ」は二一・四％で両者を合わせても四七・五％で、五割の壁を超えることがない。「スペインのみ」は五・一％、「カタルーニャよりスペイン」は三・一％であるが、「カタルーニャとともにスペイン」が四〇・四％を占める。両極を除くと複合的帰属意識をもつ住民が六四・九％と三分の二に上っており、分離独立主義

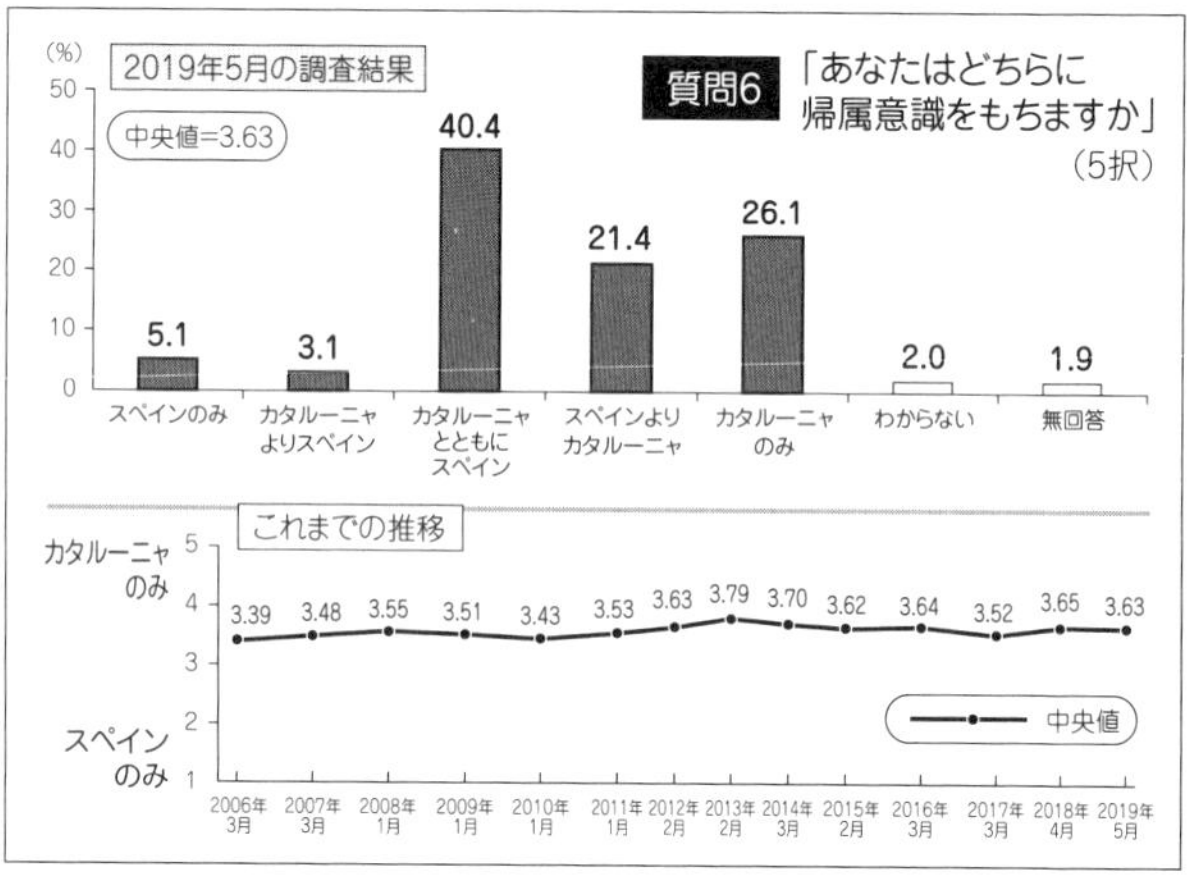

質問6：帰属アイデンティティ調査

の喧伝は功を奏していない。

　ここから明瞭なのは、二〇一三年に設立された「スマテ（Súmate）」のようなスペイン語話者の独立主義者組織もあるものの、[16]全体としてスペイン語と二言語併用にアイデンティティをもつ住民は分離独立主義をあまり支持していないということである（それぞれに一割と二割）[17]。したがって、カタルーニャの住民構成に大きな変化がみられない以上、人びとの意識を大きく変えて分離独立派が住民の五割以上の支持を集めることは難しいだろう。このことは、一四年十二月から一九年五月までの「カタルーニャが独立国家となるこ

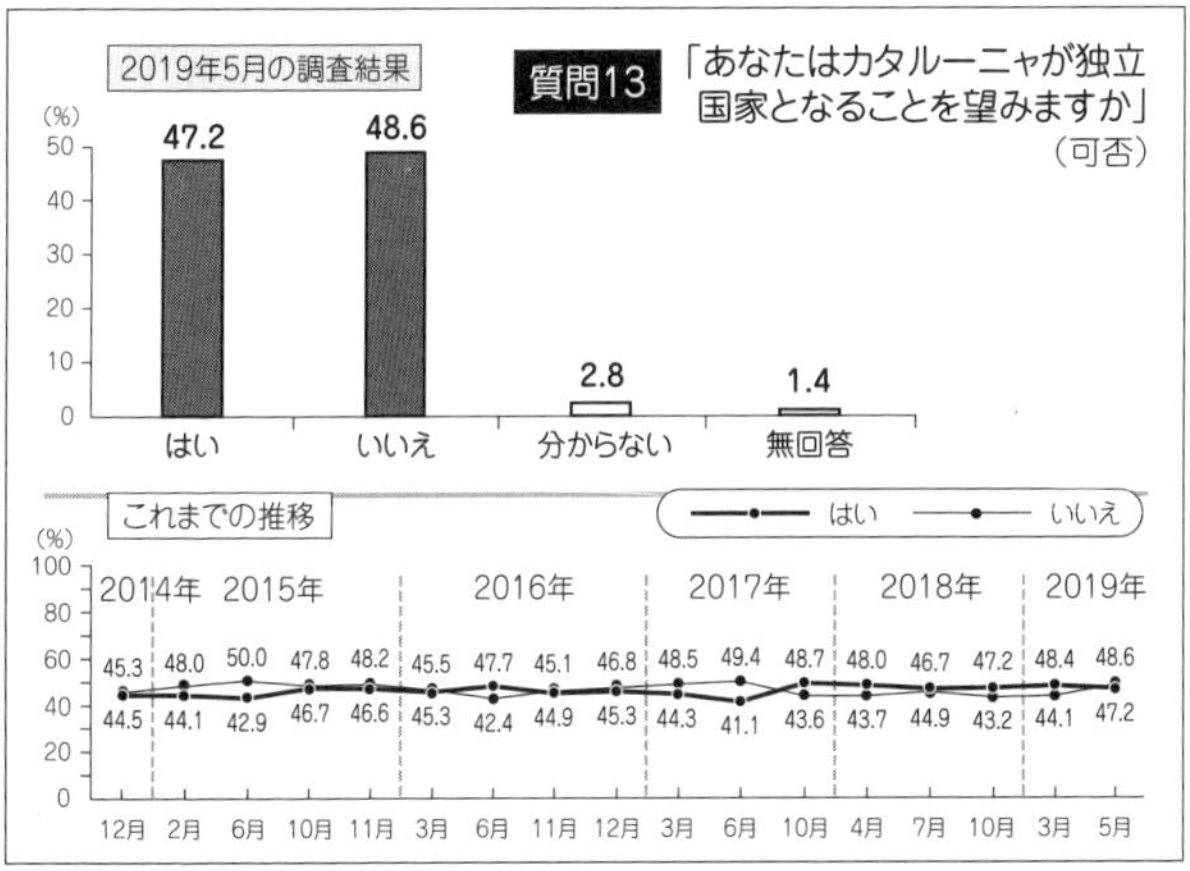

質問13：独立国家となることを望むか否か

とを望むか否か」の二者択一を問う項目（質問13）の経年変化をみても明瞭である。

第2節　カタルーニャ州域内の対立

最近の選挙結果データ

カタルーニャとカタルーニャ語への単一的帰属意識の強い人びとが、カタルーニャ州全体に均一に存在しているわけではない。すでに「住民構成の変化」でみたように、とくに一九五〇・六〇年代にスペインの他地域から労働機会を求めて移住してきた人びとは、バルセローナ県やタラゴーナ県の沿岸部地域の主要都市に暮らしているからである。この地域的住民構成の違いは、カタルーニャ四県の住民の投票行動に反映されている。[18]

二〇一七年十月の自治憲章停止後に実施された州議会選挙（同年十二月二十一日）では、

「独立派勝利」「独立派過半数」の言葉が、わが国を含めて諸外国の新聞の見出しを飾ったが、これは世界諸地域のどこであれ、「独立」という言葉に魅かれる記者たちの主観を示すものであった。投票率はきわめて高く八二％に達しており、この時点での民意をあらわしているといえるが、問題は結果として得た各党の議席数の配分だ。「独立プロセス」を指示する独立派が一三五議席の過半数七〇議席を得たのが「独立派勝利」という見出しの論拠であるが、より詳しい分析をすると、カタルーニャの分離独立主義が圧倒的な民意を得ているとは言い難い。

独立派の議席は保守系（Ｊ×ＣＡＴ〈カタルーニャのための連合〉）三四と左派系（ＥＲＣ〈カタルーニャ共和主義左翼〉）三二に加えて極左系（ＣＵＰ〈人民連合〉）四を合わせたもので、「独立」の一点では合意があっても、現実的にカタルーニャの政治・経済・社会の諸問題に対処する政策を立案するには意見の相違がはなはだしい。得票率は三党合わせて四七・五％で、過半数に達しない。このことはさておくとしても、十把一絡げで論じては、沿岸部と内陸部、都市部と農村部といった州域内の地域的違いを理解できない[19]。そこで各県ご

● 2017年12月21日のカタルーニャ州議会選挙の結果（独立派**70議席**/135議席）

県区分	Cs 市民党		JxCat カタルーニャのための連合		ERC カタルーニャ共和主義左翼		PSC カタルーニャ社会党		CeC-P カタルーニャ・アン・クム＝プデム		CUP 人民連合		PPC 国民党カタルーニャ支部			
	%	議席数	%	議席数	%	議席数	%	議席数	%	議席数	%	議席数	%	議席数	**独立派の得票数**（CUPを含めて）	**同議席数**
バルセローナ(85議席)	26.4	24	19.0	17	20.6	18	15.1	13	8.4	7	4.4	3	4.3	3	**44.0%**	**38**
ジローナ(17議席)	19.5	4	36.7	7	21.7	4	8.6	1	4.0	-	5.3	1	2.9	-	**63.8**	**12**
リェイダ(15議席)	17.0	3	32.5	6	26.7	5	9.0	1	3.9	-	5.0	-	4.5	-	**64.2**	**11**
タラゴーナ(18議席)	27.4	5	21.7	4	23.7	5	11.8	2	5.4	1	4.0	-	4.6	1	**49.4**	**9**
州全体(135議席)	25.4	36	21.7	34	21.4	32	13.9	17	7.5	8	4.5	4	4.2	4	**47.8**	**70**

（JxCat,ERC,CUPは、「独立プロセス」を支持）

表：四県の違い

との結果を確認してみよう。

バルセローナ県の割り当て議席数は八五で、独立派は三八議席で過半数に達しない。得票率も独立派三党で四四・〇％だ。タラゴーナ県の議席数は一八で、独立派は九議席でちょうど半分、得票率はぎりぎりの四九・四％だ。しかし、ジローナ県とリェイダ県ではまったく様相が異なる。前者の議席数は一七だが、独立派が一二議席をしめてほぼ三分の二であり、得票率も六三・八％だ。後者の議席数は一五で、独立派が一一議席、得票率も六四・二％に達している。

四県への議席配分も問題だ。バルセローナ県には有権者数の七四・七％が集中しているが、議席割り当ては六三％である。有権者数に応じて議席配分を正すとすると、バルセローナ県の割り当て議席数は二十数議席の増がみこまれ、同県の得票率分布からし

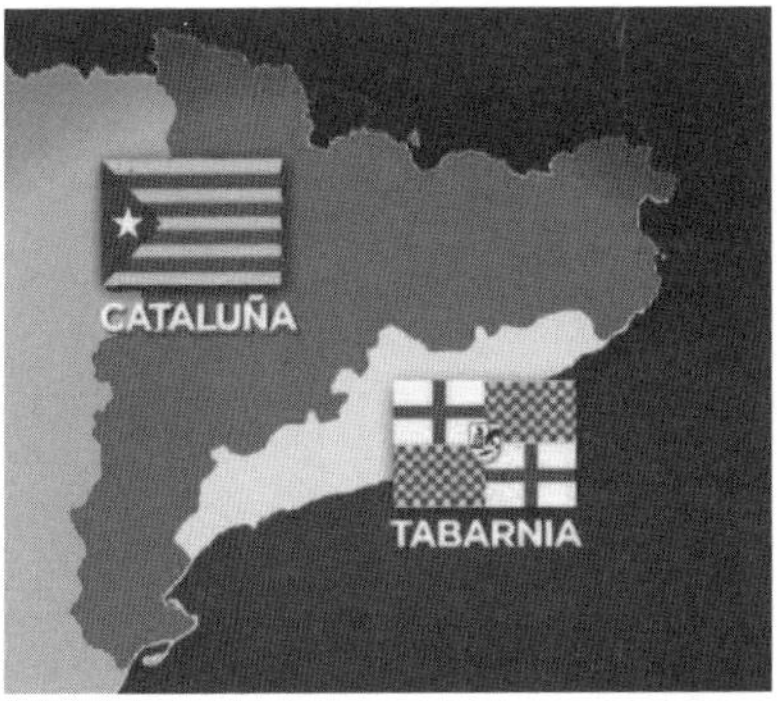

カタルーニャ共和国からのタバルニア分離独立案〈タバルニア公式HPより〉

て、独立派三党が州全体で過半数を上回る議席を得るのは難しくなると推計される。しかし最大の問題は、繰り返すが、カタルーニャ州議会の過半数を維持する独立推進派がこれだけの地域的違い、住民構成の違いに思いをいたさないことだ。ちなみに、前州首相で国外に逃亡したプッチダモンはジローナ県のアメル村出身で、かってジローナ市長であったし、現州首相のトーラは同県のブラナス村の出身である。

タバルニアの論理

二〇一七年十二月二十七日、同月二十一日の州議会選挙の結果、議席数では分離独立主義がまたしても多数派となってカタルーニャの今後がますます見通せない状況となるなかで、「タバルニアの鏡を通してみる独立主義」という記事が『エル・パイス』紙に掲載され、少なからぬ人びとに衝撃を与えた。[20]「タバルニア」という名称の領域がカタルーニャ州からの独立を要求するという内容で、もちろん机上の空論であるが、カタルーニャ州がスペインからの独立を要求する論理を少なからず踏襲する形をとっていたからである。カタルーニャの分離独立主義の風刺といえばそれに過ぎないが、「ただ一つの民族」という独立主義者の論理を根底から批判していることに注目したい。この記事はSNSを通じて拡散され、独立運動に素直に共感していた内外の人びとにカタルーニャ問題の複雑さを改めて提示したのである。

独立した「カタルーニャ共和国」からの「タバルニア」の分離独立と、そのスペインの自治州への復帰要求がどのような論理にたっているかを確認しておこう。カタルーニャ州政府は、中央政府の反対にもかかわらず独立プロセスを進め、住民のレファレンダム実施(二〇一七年十月一日)によってDUI(一方的独立宣言)をおこなった。そこで、カタルーニャ共和国が実現するならば、共和国内の「タバルニア」と総称される地域もそこに居住する住民のレファレンダムを二〇一九年十月に実施して、カタルーニャ共和国からのDUIをおこない、スペイン国家内の一自治州に復帰しようというのである。

住民投票には大きく五つの政策が掲げられる。⑴安全安心な年金生活。⑵商業活動で用いる言語に対しての罰金の廃止。[21] ⑶税制上の収奪の廃止。バルセローナは他県と比して自治州政府に三二％も多く税金を納めている。⑷議席配分の不平等による差別の廃止。当選議員の得票数はバルセローナがリェイダの二倍以上である。⑸アイデンティティの尊重。「タバルニア」では分離独立派は少数である。その住民はコスモポリタンで二言語併用であって、スペインの他地域との文化的・経済的絆を重視する。

「タバルニア」はタラゴーナ県とバルセローナ県の頭文字をとった造語であるが、その領域は両県の、とくに⑸の性格の強い地域を包括しており、南端の水田地帯や内陸部の農業地帯といった伝統的・保守的地域を除いた経済活動の盛んな地域である。そこに示された「カタルーニャ共和国」との数値の対比が興味深い。「タバルニア」の領域が分離独立すると、カタルーニャ語を公用語として主権国家となったカタルーニャ共和国は、面積は二万六四七三平方キロと広大だが、人口は一三八万三〇〇〇に過ぎず、一人あたり国民所得は二万二六七三ユーロである。他方、スペインの自治州に戻った「タバルニア」州の公用語はカタルーニャ語とスペイン語で、面積は五四二二平方キロと狭いが、人口は六一三万九〇〇〇で、一人当たり国民所得は二万八六七三ユーロと、さらに豊かな自治州となるというのである。

第1章・注

10 LLUCH, Jaime. *Visions of Sovereignty: Nationalism and Accommodation in Multinational Democracies. National and Ethnic Conflict in the 21st Century*, Filadelfia: University of Pennsylvania Press, 2014を参照。

11 ダイグロシア（ディグロッシーとも）は、C・ファーガソンによって導入された概念で、特定の言語共同体における同一言語の社会的に低位の変種（low＝Lと略す）と高位の変種（high＝Hと略す）の併用を意味していた。しかしカタルーニャの場合のように、国家公用語＝スペイン語（公共・教育など）と地方固有言語＝カタルーニャ語（日常生活など）に機能的優劣が付けられた言語社会状況に対しても、この言葉は使われている。

12 拙稿「カタルーニャ・ナショナリズムと『言語』」、中嶋嶺雄編『変貌する現代世界を読み解く言葉』（国際書院、一九九七年）所収を参照。

13 糸魚川美樹「国内外から流入する移民――カタルーニャ人とは誰か」、立石博高・奥野良知編『カタルーニャを知るための50章』（明石書店、二〇一三年）所収を参照。

14 松本純子「カタルーニャ自治州におけるカタルーニャ語の保護と振興」（『名古屋外国語大学外国語学部紀要』第49号、二〇一五年）を参照。

15 Centre d'Estudis d'Opinió, *Dossier de premsa de l'Enquesta postelectoral de les eleccions generals. 2019.*

16 「スマテ」の主導的活動家ガブリエル・ルフィアンは、移入者家族の息子でスペイン語とカタルーニャ語を駆使し、ＥＲＣ（カタルーニャ共和主義左翼）のナンバーツーである。ＥＲＣはスペイン語話者を独立運動に惹きつける戦略をとるが、第2章で紹介するように、カタルーニャからスペイン語を排除しようとする単一言語主義のナショナリストも存在する。

17 FABÀ PRATS, Albert; TORRES-PLA, Joaquim, "El suport a la independència de Catalunya segons

la llengua d'identificació i altres variables（2011–2015）", *Treballs de Sociolingüística Catalana*, núm. 27, 2017 を参照。

18 ここでは詳細に立ち入らないが、バルセローナ市内でも移入者や労働者階級の多い地区とカタルーニャ語話者が多い比較的裕福な地区とでは、明らかに投票行動に差がある。アシャンプラ地区などに居住する伝統的な都市部中産階級には、単一的カタルーニャ・アイデンティティをもつ傾向が強くみられるのである。また、プジョル州首相のもとで進められたアイデンティティ強化政策の結果、分離独立主義への支持はほかの世代と比べて二〇代、三〇代の若者により強い。そして、前述の「スマテ」組織にように移入者第二世代が左派系独立主義の熱心な活動家になっている例もみられる。CIVIT I CARBONELL, Roger, *Anàlisi dels efectes de l'edad, la generació i el període en el suport a la independència de Catalunya, 1991–2011*, Barcelona: Institut de Ciències Polítiques i Socials, 2013 を参照。

19 沿岸部といっても、カタルーニャ北端のジローナ県の海岸地域コスタ・ブラバはあまり工業化が進んでおらず、基本的にカタルーニャ語話者が多い伝統的地域である。同じく南端のタラゴーナ県の沿岸部はエブロ川河口デルタで、水田が広がる農業地帯である。

20 https://elpais.com/politica/2017/12/26/actualidad/1514316764_370387.html　なお、タバルニアを正当化する歴史的経緯の主張（風刺であるが）は、VAN JAAG, Ares: *Tabarnia. La historia no perdona mitos*, Barcelona: Alvi Books, 2018.

21 これは、一九八八年の自治州言語政策法で政策に移された、商業活動でのカタルーニャ語浸透のために、スペイン語だけを使用する活動を制限したことを批判したものである。

第２章

州政府のアイデンティティ強化政策

第1節　プジョルと国民形成

プジョルの理念

一九八〇年に州政府首相となったJ・プジョルは二〇〇三年に退任するまでじつに六期二三年間も州政権を維持し続けて、つねにカタルーニャ政治のキーパーソンであった。二〇一四年にはプジョル家が長年にわたって脱税・資金洗浄・資金隠しをおこなっていたことが表面化して影響力は失われたが、プジョルは長年にわたって単一的カタルーニャ・アイデンティティ強化の政策を推進して、一二年から本格化した「独立プロセス」に向けての土壌をつくりあげたといえる。ただし、その地域ナショナリズムはポピュリズム的な大衆動員をもとにスペインからの分離独立を鼓舞するという冒険主義ではなかった。フランコ時代に反体制抗議活動をおこなって二年半服役するという経験をもっていたプジョルは、その意味では老練な政治家であった。

プジョルの理念は、フランコ政権によってカタルーニャ独自の言語文化が抑圧されていた状況から出発して、私的空間にとどめられていたカタルーニャ語をまずは公用語として取り戻し、さらに公的空間でもスペイン語よりも優先的に使用される言語、つまり領域言語の地位に高めることであった。すでに一九五八年に彼は、「民族は、心性・言語・感情からなる実在である。それは歴史的実在であり、歴史的使命、精神的なエトノスの実在である。我われ（カタルーニャ人）の場合には、かなりの程度で、言語からなる実在である。民族の主要な特徴は、そうであろうとする意志である」と述べている。

一九八〇年四月、州首相就任演説でプジョルは「国をつくりあげる」意志を明確にし、「ナショナリズム計画」を遂行することを明言した。このときにアンダルシーアからの移入者を基盤にしていたアンダルシーア社会党は「カタルーニャの国民的再構築」に賛意を示す一方、「この国でカタルーニャの文化共同体と共生しているほかの文化共同体のアイデンティティと権利」も尊重されることを要請した。差し当たりはこうした懸念よりも、フランコ時代に抑圧されていた言語文化の復権が課題であり、七九年自治憲章にも謳われたようにスペイン語と並んでカタルーニャ語の「通常かつ公式の使用」をめざす方策が立てられた。八三年の言語正常化法から九八年の言語政策法へと続く一連の「自治州政府の言語正常化政策」がそれである。

さらに「カタルーニャをつくりあげる（Construir Catalunya）」ために重視したのは、自治州政府による文化施設の設置や文化団体の支援で、カタルーニャ民族文書館（一九八〇年）、カタルーニャ歴史博物館（八六年）、カタルーニャ民族劇場（九六年）といった施設が相次いでつくられた。これらの運営は、好んで地域ナショナリストに委託された。とくに歴史にかかわる分野では国民主義史観の歴史研究者の仕事が重視されて、ナショナリスト的歴史認識の普及が図られた。

マスメディアの活用も本格的におこなわれた。テレビではTV3（一九八四年）、カナル33（八九年）が開局したが、こうした自治州営のカタルーニャ語放送は、プジョルによれば、「我われに固有の価値を伝達することで国の結びつきを強める」ものであった。二〇一〇年代の「独立プロセス」では、この機能が存分に発揮されるが、州政府に依存するメディアへの偏向批判を生むことにもなった。

「二〇〇〇年計画」

プジョルは巧みな政治家であり、移入者のカタルーニャ社会への統合について、「それは強要されることなく少しずつ進んでいく」として、カタルーニャ語の普及を急いで実現することには慎重な態度を表明していた。しかし一九九〇年十月二十八日に『エル・ペリオディコ』紙にスクープされた州政府と政権与党CiU（集中と統一）幹部が作成した「二〇〇〇年計画」は、国民形成の明確なプランニングで、あらゆる現場で単一的カタルーニャ・アイデンティティ強化を図るものであった。[22]

この時点ではEUへの楽観的見方が強く、「国境なきヨーロッパ」はヨーロッパ内の新たなネイションの確立を認知することになると考えられていた。カタルーニャが「自分たちの歴史」を共有し、自分たちの「集団的個性」を強めていって、一九七九年自治憲章の改正をめざすよう努力すれば、カタルーニャもネイションとして認知されるだろうというのが基本的立場であった。そのための基本的活動として、⑴上記の目標に賛同する人びと、制度、団体を結集すること、⑵あらゆるマスメディアを動員して上記の国民化の内容を流布すること、⑶民衆的祭り、伝統、慣習、神話を奨励して人びとのナショナルな感受性を高めること、⑷関連する書物や雑誌記事を広めること、⑸バルセローナをそうした世論のバロメーターの場とすることが企図される。そして、初等・中等教育の現場、大学・研究機関の現場、マスメディア、文化と余暇の団体、実業界、対外関係、インフラ整備、行政といったあらゆる場でカタルーニャ化を図るよう提唱している。

とりわけ重要なのが、教育に関して、「教師、両親、生徒たちのカタルーニャ国民意識の推奨」のなかで「カタルーニャの国民的現実」を認識させるための教科書や教科プログラムが用意されねばならないということ、そして「教育のカタルーニャ化の規範」が正しく守られているかを監視するために「視察官」を派遣するというものだ。また、マスメディアに関しては、「ナショナリスト的立場の人びとを送りこむこと」が奨励され、ナショナリスト的新聞『アブイ』をカタルーニャ全土の日刊紙にしていこうという。実業界に対しては、公的性格をもつ企業や金融業、旅行業には「(カタルーニャ語の)言語規範を要求」するとともに、言語規範を守る私企業を公共事業に優先的に参入させるとした。

以上、「二〇〇〇年計画」は、独立主権国家という言葉をいまだ使っていないものの、きわめて偏狭で強制的なネイション形成を図ろうとしていたことが明らかである。行政機関と一体化してカタルーニャ化を推し進めようとすれば、非カタルーニャ語話者、二言語併用の者、そしてコスモポリタンな立場の者からの反対は必至であった。「二〇〇〇年計画」の枠組みに沿った一九九八年の言語政策法は、とくに私企業からの反発を強く受けた。[23]

言語政策をめぐる対立

州政府の言語政策推進にもかかわらず、カタルーニャ語はカタルーニャ全土で通常に使用される言語の地位を占めているとは言い難い。そうした意味では領域言語としての復権を十分に果たしていないといえるが、そもそも「タバルニア」の風刺からもうかがえるように、経済活動の盛んなバルセローナを中心とした沿岸部に限っては、住民構成を変えていかない限り目標は達成できないだろう。

たしかにカタルーニャ語が長く教育言語として認められていなかった歴史、そして当時のカタルーニャ語の言語状況を踏まえれば、一九八〇年代から初等中等教育の現場に「(カタルーニャ語の) イマージョン教育」政策が導入されたことは理解できる。しかし圧倒的に有利なスペイン語をまえにしているという「犠牲者主義」の論理を使い続けて、カタルーニャ州のもうひとつの公用語であるスペイン語の修得教育を軽んじるわけにはいかないだろう。

これまでカタルーニャでは政治家や知識人のあいだで、カタルーニャ語とスペイン語の両言語の扱いをめぐって論争がなされてきた。一九七九年に『アルス・マルジャス』誌でカタルーニャ語が危機的状況にあるという声明が出されると、これを受けて州首相に就任したプジョルは、カタルーニャ語が普通に使われるようになるための言語正常化政策を遂行すると発表した。プジョルは同時にスペイン語の使用を保証すると述べたが、そのナショナリスティックな姿勢を危惧する知識人たちは「二三〇〇人声明」を発表して、カタルーニャ語だけがカタルーニャ州の公用語になることへの恐れを表明して、多元的な社会・文化・言語の擁護を強く求めたのである。その後も、同様の声明がさまざまに繰り返されてきた。

初等・中等教育を受ける生徒たちのスペイン語話者の保護者からは、スペイン語を教育言語として認めることやスペイン語修得のための授業時間を増やすことへの要望が毎年のように出されている。だが州政府は、こうした要望はごく少数で政治的意図をもつものだとして十分な対処をおこなっていない。二〇一三年十二月に「教育の質向上のための基本法（LOMCE）」が出され、希望する生徒にはスペイン語で教育を受ける権利を何らかのかたちで各州政府が保障しなければならないと定めると、州政府の側は、国民党政権による再中央集権化の動きだと反発を強めたのであった。

しかし二十一世紀に入ると、これまで少なくとも建前としてはあった「二言語併用」の姿勢を批判して、「カタルーニャ語はカタルーニャの唯一の公用語でなければならない」

とする単一言語主義が登場し、影響力を広げている。これはERC（カタルーニャ共和主義左翼）の左派系ナショナリストとは異なって伝統的ナショナリストの急進化ともとらえられる。固有言語と分離独立を明確に結び付ける立場である。例えば「国民語協会」は二〇一二年十月三十日に「国民語宣言」を発表して、「将来の独立国家においてはカタルーニャ語だけが公用語である」と謳う。「コイネ・グループ」は一六年三月三十一日に「独立カタルーニャに向けた言語正常化の真のプロセスのために」という声明を出して、「言語と共和国（Llengua i República）」という団体へと発展した。[24] いずれにせよ、長年の言語政策遂行とイマージョン教育によってカタルーニャ語の知識は広く共有されているが、移入者の多くにとってのアイデンティティ言語とはなっていない現状に対するカタルーニャ・ナショナリストの苛立ちをそこにみることができる。[25]

なお、伝統的保守派カタルーニャ人の単一言語主義の背景に、スペイン他地域、とくにアンダルシーアからの移入者への反発と偏見が潜んでいることも無視できない。「シャルネーゴ」という言葉はほとんど使われなくなったが、政治的論争のなかで顔を出すことがある。二〇〇八年、保守派政治家が州営TVでときの州首相ホセ・モンティーリャ（コルドバ出身の社会党員）を正しいカタルーニャ語を話さないと批判したできごとは記憶に新しい。[26]

第2節　歴史学と教育

カタルーニャの歴史学研究

カタルーニャの「国民史（ナショナル・ヒストリー）」がはらむ問題性を考えるにあたって、カタルーニャはフランコ独裁体制下で、その言語と文化が抑圧されていたという事実を押さえておきたい。過酷な現実を前にカタルーニャ人の歴史家たちが国民主義的史観にこだわったことはある意味で当然であった。しかし、歴史研究者は現在を正当化するための過去の恣意的な解釈、とくに「祖国」にかかわる歴史神話を批判しなければならない。イギリスの歴史家Ｊ・Ｈ・エリオットは、スペインの近世史、そしてカタルーニャの近世史の泰斗だが、自分の歴史研究を自伝的に省察した作品を二〇一二年に残している。[27] 彼は一九五〇年代、カタルーニャの反乱（一六四〇〜五二年）について学位論文を書いているが、滞在したバルセローナの国民主義学派の解釈には疑問を呈さずにはいられなかった。「一方には抑圧された人びとに共鳴する自分本来の傾向があったが、他方には、その国の歴史のなかで昔から栄光の瞬間として伝えられてきたもののベールを剥いで見つけた新事実を、私の生来の傾向からするといかにそれが魅力に欠けていたとしても、歴史家としてそれらを明らかにするのが義務だという思いがあった。そこにある種の緊張感が生じるのは避けられなかった」と回想している。

一九七五年以後、カタルーニャでは、抑圧されていた文化・言語を回復しようとする動きが強まったが、国民主義学派とは距離を置き、歴史神話を批判する歴史研究も大きく進展した。そうした学問状況のなか、八〇年代には『ラベンス』という歴史雑誌を中心に、

「ネイション」にこだわるアルベル・バルセイス（一九四〇〜）の発言をめぐって大きな議論が起こった。[28] この論争にはここでは立ち入らないが、国民主義学派を継承するバルセイスの言葉を確認しておきたい。すなわち、「カタルーニャというものをネイションと据える。スペインがネイションではなくて、カタルーニャがネイションであるということをその基軸に据えなければ、カタルーニャの歴史学は成立しない」。また、「ネイションをめぐっては、たとえ歴史学であっても中立性は存在しない」というのである。彼はバルセローナ自治大学現代史講座教授であり、州政府が後押しするカタルーニャ研究所の正会員である。

バルセイスに輪をかけて国民主義的なのが、ジャウマ・スブラケス（一九四三〜）である。同じくバルセローナ自治大学教授でもともとはカタルーニャ中世史研究者であったが、やがて政治家として分離独立派に転じてアルトゥル・マスの独立プロセスに賛同し、二〇一二年には、州政府が支援する「カタルーニャ現代史センター」所長となった人物である。彼が二〇〇七年に著した『カタルーニャの歴史』は同じ年に英訳されて広く流布するが、その主張は一七年の「独立宣言」を裏付けるもので、現在「カタルーニャは自分の国家をもたない民族である」が、独立を達成すれば、十八世紀以前の「政治的完全さを回復する」というものであった。[29]

こうした国民主義史観を学んだ者にとっては、カタルーニャ独立を標榜しない歴史学者は攻撃や批判の対象になってしまう。その典型が一九九三年に出版された小冊子で、ウサライ・ダ・カル、ボルジャ・ダ・リケーといったカタルーニャの代表的歴史研究者ですら、「スペイン・ナショナリズムに奉仕する歴史家たち」というレッテルを張られてしまい、異論が許されない雰囲気がつくられている。[30]

さらに注意すべきは、カタルーニャ分離独立運動をいわば下から支えるポプリュズム的動きの指導者に、これまでの歴史学研究の成果を無視したきわめてナショナリスティックな歴史観を唱えるものがあることである。二〇〇九年、アレンチ・ダ・ムン村で始まった市町村レベルでカタルーニャ独立賛成の是非を問う住民投票の指導者であったジョルディ・ビルベニィ（一九六一〜）は急進的分離独立派であると同時に、「新たな歴史研究所(Institut Nova Història)」の責任者である。この研究所の成果によれば、コロンブスもセルバンテスもカタルーニャ人ということになる。このような非科学的団体に、愛国的歴史を探求しているとして一三年に独立推進派左翼政党ERCがリュイス・クンパンチ州首相国民賞という栄誉賞を与えている。分離独立主義の重大な問題がここには潜んでいる。[31]

カタルーニャの初等教育の現場

カタルーニャの高等学校で使われている歴史教科書（Història 2° Batxillerat）がいかに国民主義史観に立った内容をもっているかは、G・トルテーリャ編の書物に詳しい。[32] 一方、子どもたちの将来にわたるアイデンティティをつくる初等教育の教科書でカタルーニャの歴史社会がどのように扱われているかについては、最近まで注意が払われなかった。カタルーニャ語のイマージョン教育政策をめぐる論争があまりに激しかったために、社会的アイデンティティ教育については関心が向けられなかったためと思われる。しかし教育権限の多くが自治州に移されている状況で、子どもたち向けの教科書がどのような内容であるかは、きちんと注目されなければならない。公立学校教師の多くが独立派に傾いているなかで[33]、現場で使われる教科書がカタルーニャをどのように扱っているかはきわめて重要だ。ＡＭＥＳ（中等教育改善アクション）という分離独立主義に反対する学校教師組合が、二〇一七年におこなった初等教育五年生・六年生で使用される社会科学（歴史を含む）教科書分析によれば、もっぱら単一的カタルーニャ・アイデンティティを助長するような「偏頗的で偏向的なイデオロギー的」傾向が教科書の内容に多々みられるという。[34]

そこで具体的に、クルイリャ社が制作した五年生と六年生用の教科書を見てみよう。この二つの教科書を通して、カタルーニャを取り巻く「環境（medi）」を学べる仕組みになっている。[35]

教科書の構成はしっかりとしていて、五年生用（全九章）では地球環境から動植物の多様性、生殖機能を含めた人間の在り方、技術革新の問題が扱われており、六年生用（全九章）では宇宙のなかの地球、多様な生き物の生活の仕方、エネルギー、健康と病気、グローバル化の影響とくに格差の問題などが扱われていて、いわゆる地球市民として子どもたちが学ぶべきことが確実に網羅されている。

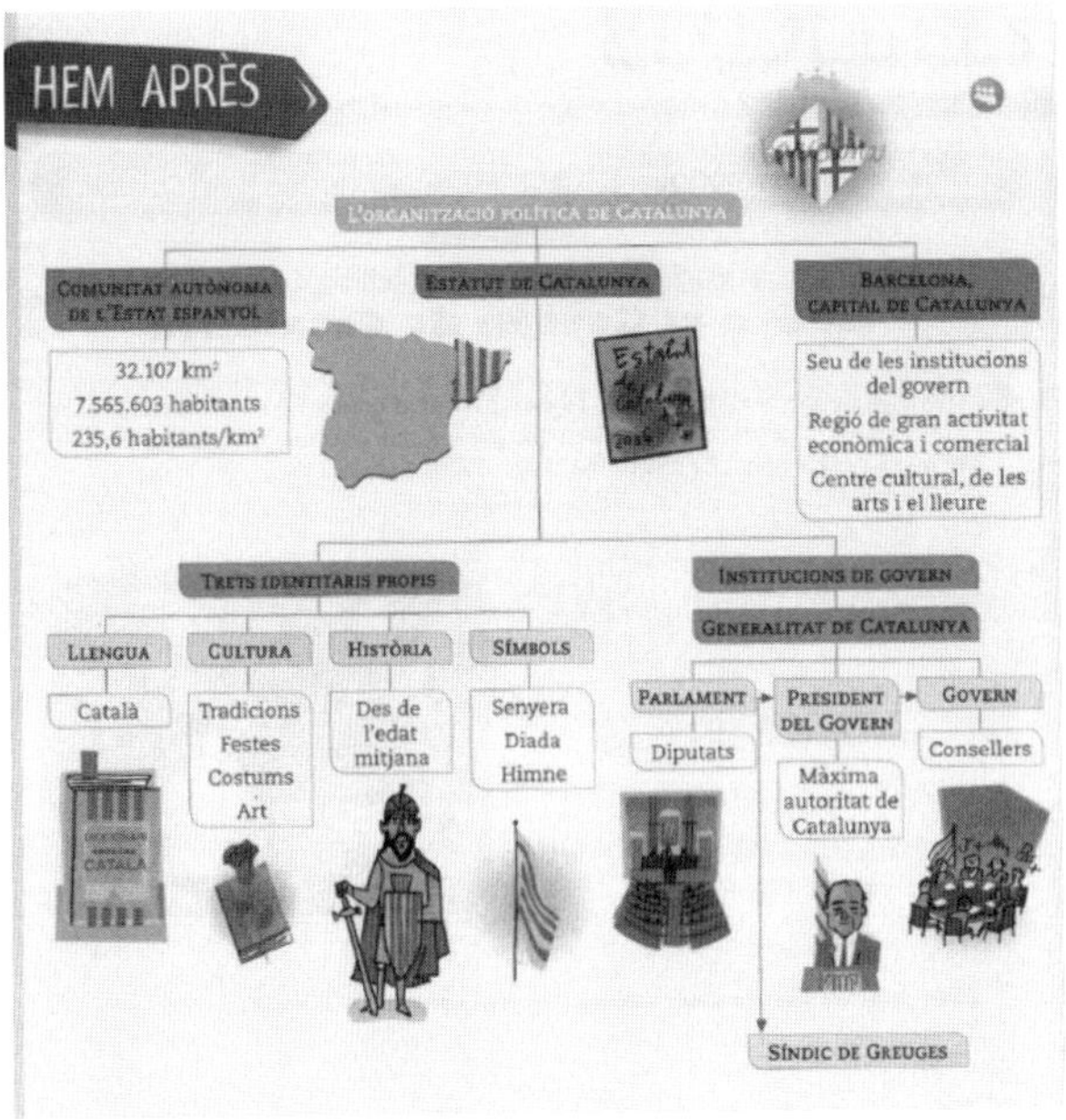

五年生用教科書（*Coneixement del medi. Ciències socials i cinches naturals. 5.é Primaria*, Editorial Cruïlla, 2014） p.135

しかしカタルーニャとスペインの取り上げ方をみると、様相は異なってくる。五年生用では、第三章でカタルーニャの地理、第五章でカタルーニャの人口と経済、第七章でカタルーニャの自主統治的な政治機構、第九章で先史時代から中世までの歴史が扱われているが、カタルーニャの地域はスペインとは関わりがなく、ヨーロッパのなかでも重要な「国（país）」

TALLER D'EXPERIMENTACIÓ

Comparem dades entre països

Per poder saber a què ens referim quan diem que «Catalunya és un país petit» la compararem amb dades d'altres països de la Unió Europea.

Necessitem:

- Un gràfic amb les dades bàsiques de Catalunya de l'any 2014:

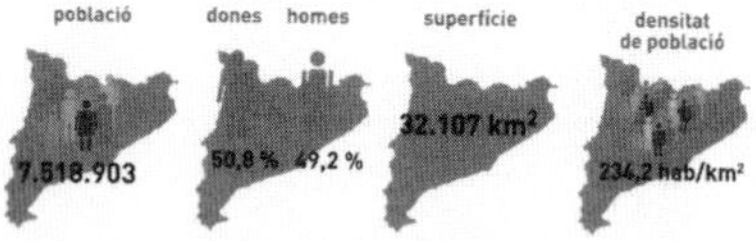

- Una taula amb dades de diferents països de la Unió Europea:

Taula de superfície, habitants i densitat de població d'alguns països de la Unió Europea					
Bandera	Nom del país	Codi	Superfície (en km²)	Població	Habitants per km²
	Espanya	ES	505.370	47.042.984	93
	Alemanya	DE	357.022	81.305.856	228
	Finlàndia	FI	338.145	5.262.930	16
	Regne Unit	UK	243.610	63.047.162	259
	Grècia	EL	131.957	10.767.827	82
	Països Baixos	NL	41.543	16.730.632	403
	Catalunya	CAT	32.107	7.518.903	234
	Bèlgica	BE	30.528	10.438.353	342
	Luxemburg	LU	2.586	509.074	197

Passos a seguir:

1. A partir del gràfic, analitzem les dades de superfície i població de cada país i pensem què volem dir.
2. Comparem i contrastem les dades, ordenant els països segons el nombre d'habitants, la superfície i la densitat de població.
3. Posem els resultats en comú amb la resta de la classe i debatem per arribar a unes conclusions consensuades.

W Taller d'experimentació

146 EXPERIÈNCIA

五年生用教科書（*Coneixement del medi. Ciències socials i cinches naturals. 6.é Primaria*, Editorial Cruïlla, 2015） p.146

として紹介されている。六年生用では意図的にスペインではなく「スペイン国家（l'Estat espanyol）」と題してその地理と政治を扱うが、第三章をそれに当てているに過ぎない。そして第七章ではヨーロッパの地理と政治を取り上げていて、ヨーロッパの枠組みが重要視されていることがわかる。最後の第九章では中世後期から現代までの歴史が扱われるが、ここでもスペインへの言及は乏しい。

このように子どもたちが抱く領域認識はまずはカタルーニャであり、次いでヨーロッパという構成で、おのずとスペイン・アイデンティティは希薄になってしまう。それに加えてスペインが登場するのはもっぱらカタルーニャの自己完結的な自主統治権を侵害する場面なのだ。国歌とされる「刈り取り人の歌」は一頁を割いて紹介されているが（五年生用教科書、一三五頁）、複雑なカタルーニャ反乱は「カタルーニャ人と（スペイン国王）フェリーペ四世の軍隊との衝突」としかとらえられていない。そしてスペイン継承戦争については、「フェリーペ五世は、新たなスペイン国王として新組織王令（一七一六年）を発布して、カタルーニャの法と制度を廃止し、カタルーニャ語の使用を禁じ、カスティーリャの法を押し付けた」と記述されている。まさに、一七一四年に「完全な自主統治権」を奪われたとする国民主義史観を踏襲しているのである。

以上、一九八〇年に始まったプジョル州首相の国民形成戦略が、とりわけ言語教育と歴史教育に少なからぬ偏りをもたらしていることを確認した。こうした現状を踏まえると、カタルーニャの歴史と現状を考察する場合、我われは単一的カタルーニャ・アイデンティティの主張に絡み取られないスタンスをとるように心がける必要があることがわかる。

第2章・注

22 この文書は以下のウェブサイトに転用されている。https://www.dolcacatalunya.com/2016/08/documento-prueba-jordi-pujol-diseno-pruses-1990/

23 言語政策法は、邦訳がある。渋谷謙次郎編『欧州諸国の言語法』（三元社、二〇〇五年）、一三六～一六一頁。

24 UCELAY-DA CAL, Enric, eds., *op. cit.*, pp. 40–42 を参照。団体「言語と共和国」の会長はジュアキン・アレナスだが、彼は州政府の進めてきたカタルーニャ語教育普及のキーパーソンで、二〇〇三年には州政府からサン・ジョルディ勲章を受けている。また「コイネ・グループ」の声明にはいまの州政府文化担当相のラウラ・ボラスも署名している。分離独立主義者が単一言語主義運動に毅然として反対の姿勢をとらない限り、「ただ一つの民族」の主張はスペイン語を母語としてきた人びとの賛同を得難いであろう。

25 この端的な姿勢をとるのがパウ・ビダルで、二言語併用主義を痛烈に批判する。VIDAL, Pau, *El bilingüisme mata. Del canvi climàtic al canvi idiomàtic*, Barcelona: Pòrtic, 2015. こうした動きには、多くの作家を含む「カタルーニャ市民社会（Societat Civil Catalana）」という団体が、「言語を禁じたり強制したりすることはできない」との立場から猛反発している。

26 「シャルネーゴ（xarnego）」はカタルーニャ人たちが、他地域からの貧しい移入者を蔑んで呼ぶ言葉で、もともとはガスコーニュの言葉で「よそ者」をさす。のちに詫びたが若きプジョルも「アンダルシーアからの連中は根無し草で、壊れたような奴らだ」と露骨に述べていた。CLUA I FAINÉ, Montserrat, "Catalanes, inmigrantes y charnegos: "raza", "cultura" y "mezcla" en el discurso nacionalista catalán", *Revista de Antropología Social*, 20 (2011) を参照。

27 ELLIOTT, J. H., *History in the Making*, New Haven: Yale University Press, 2012 立石博高・竹下和亮訳『歴史ができるまで——トランスナショナル・ヒストリーの方法』（岩波書店、二

〇一七年）の第二章「ナショナル・ヒストリーとトランスナショナル・ヒストリー」を参照。

28 この論争は*L'Avenç*誌上では、53号（一九八二年）から172号（一九九三年）まで断続的に続いた。ちなみに172号のバルセイスの論考は「カタルーニャ史とナショナルな中立性のテーゼ」と題されていて、あくまで国民主義史観にこだわっていた。

29 英訳は、SOBREQUÉS I CALLICÓ, Jauma, *History of Catalonia*, Barcelona: Editorial Base, 2007.

30 *Henry Ucelya da Cal i Borja de Riquer, historiadors al servi del nacionalisme espanyol*, s.l: s.n, 1993. カタルーニャを含め、地域ナショナリズムに歴史研究者が翻弄される動きについては、FORCADEL ÁLVAREZ, Carlos, "La fragmentación espacial en la historiografía contemporánea: la historia regional/local y el temor a la síntesis", *STVDIA HISTORICA. Historia Contemporánea*, Vol. 13–14 (1995–96) を参照。

31 http://www.llibertat.cat/2013/10/l-institut-nova-historia-sera-guardonat-amb-el-premi-nacional-president-lluis-companys-23431. こうした数々の歴史神話を批判する書物に、TORTELLA, Gabriel et al., *Cataluña en España. Historia y mito*, Madrid: Fundación Alonso Martín Escudero, 2016 がある。なお、急進的分離独立派にはビルベニィを含めてカタルーニャ語単一言語主義者が多いことにも注目したい。

32 TORTELLA, Gabriel et al., *op. cit.*, pp. 384–425 を参照。

33 M・リャマスが二〇一三年のデータをもとに職業別に独立意識を分類したところ、全体では三八%に対して、学校教師は六一%に達している。https://www.libertaddigital.com/espana/2017-11-16/el-colectivo-de-profesores-es-el-mas-independentista-de-cataluna-1276609222/を参照。

34 以下のウェッブサイトに分析結果は収録されている。http://estaticos.elmundo.es/documentos/2017/05/17/adoctrinamiento_libros_texto_catalunya.pdf

35 *Coneixament del medi. Ciències socials i ciències naturals. 5.è Primària*, s.l.: Editorial Cruïlla, 2014. *Coneixament del medi. Ciències socials i ciències naturals. 6.è Primària*, s.l.: Editorial Cruïlla, 2015.

第3章

地中海帝国の記憶

第1節　建国の「神話」

カタルーニャの建国をめぐって

本章以降ではカタルーニャの歴史を概観するが、単一的カタルーニャ・アイデンティティ（「ただ一つの民族」）の形成に資する「国民史（ナショナルヒストリー）」に絡み取られないように注意したいと思う。したがって、いま集合的記憶の対象とされている歴史的できごとや国民的シンボルを批判的に叙述することに力点を置きたい。[36]

スペインの他の地域と同様、のちにカタルーニャ公国と呼ばれる領域は西ゴートの支配下にあったが、七一一年、北アフリカのイスラーム勢力の侵攻がおこなわれて、アル・アンダルスと総称されるイスラーム支配下の地域となった。しかし、コルドバを中心地とするイスラームは北東部の辺境の地には関心をもたなかった。同時に、フランク王国がその防波堤としてのちにヒスパニア（スペイン）辺境領と呼ばれるカタルーニャ北部地域に関心を抱き、八世紀から九世紀にかけてフランク王権に服属する諸伯領を設置した。

数多くの辺境伯は次第に四つのグループにまとまっていくが、なかでも有力なバルセローナ伯のブレイ二世（在位九六六〜九九二）は、九八七年にフランク王国がカペー朝に代わると、臣従の誓いをおこなわなかった。このことが前述の一九八八年を「カタルーニャ建国一〇〇〇年」とする論拠になっているが、一二五八年のコルベイユ条約までフランク王国によるカタルーニャの正式の独立認知はなかった。なによりも南部の新カタルーニャはイスラーム勢力に押さえられており、北部の旧カタルーニャも諸伯領の統合には程遠かった。

「カタルーニャ」という地理的名称が現れるのは、レコンキスタ（再征服）が進展する十二世紀以後のことである。[37] さらに、現在ナショナル・アイデンティティの基礎とされているカタルーニャ語の文書が現れるのは十一世紀の終わりになってからである。[38] 十世紀末のバルセローナ伯を起点にカタルーニャ建国をみたり、カタルーニャという領域単位と固有

カタルーニャ国旗

言語の広がりについて、その時期をできるだけ早くみたりしようとする国民主義史観には留保が必要だ。

ギフレー多毛伯とカタルーニャ国旗

ここでカタルーニャ・アイデンティティにとって要となるギフレー一世多毛伯（在位八七〇／八七八～八九七）の伝承について述べておきたい。カタルーニャ州のホームページの「国民的シンボル」の項目には「国旗」「国歌」「国祭日」の三つが取り上げられているが、カタルーニャ「国旗（サニェーラ）」の記述は以下のようになっている。

カタルーニャの旗となる四本筋（金色の地に四本の赤い棒線）は、一一五〇年のラモン・バランゲー四世の紋章にある。しかしその神話的起源は九世紀末のヒスパニア辺境領ギフレー多毛伯にさかのぼる。激しい戦闘のあと、主君であったフランク王シャルル二世禿頭王が、怪我をして横たわっている多毛伯を見舞い、その胸の辺りを手でぬぐい、横にあった金色の楯に四本の筋をつけて多毛伯の紋章とし、その偉業を讃えたというのである。この旗は、一九七九年にカタルーニャ自治憲章で公式に「国旗」となった。

州ホームページでも留保しているが、ギフレー多毛伯にまつわる伝承はまったく信憑性をもたない。[39] これは一五五〇年の『総合年代記第二部』に初めて登場する逸話で、すでに一八一二年にはJ・ダ・サンスによって完璧に否定されていた。しかし、十九世紀にロマン主義的な歴史学で史実のように唱えられて、民衆的伝承として広まったのである。さらに重要なことは、四本の筋の紋章は十二世紀にバルセローナ伯が用いたのが始まりと考えられるが、その後はアラゴン連合王国の王家のシンボルとなった。そのためにこの図柄は、カタルーニャにとどまらず、アラゴンやフランスのプロヴァンスでも長く使われ、現在もアラゴン州の自治州旗に四本の筋が採り入れられている。

なお、二十一世紀にはいって四本の筋に加えて左側に青地に五角形の白い星が描かれた

「アストラーダ」（アステルは星を意味する）の旗が街頭を占拠するようになった。民主化移行期には四本の筋のものがナショナリストのシンボルとなったが、いまや分離独立の主張を表徴するものはアストラーダである。[40]

第2節　中世のカタルーニャ

アラゴン連合王国の成立と帝国的拡大

やがて諸伯領を統合したバルセローナ伯領は十二世紀前半には隣国のアラゴン王国（レイノ）との同君連合であるアラゴン連合王国（コローナ）を成立させ、[41]以後カタルーニャはアラゴン連合王国の中核の公国（プリンシパード、君主国とも）となった。そして、現在の南フランスのプロヴァンスへの進出は阻まれたものの、ピレネーを越えてルサリョ（ルシヨン)、サルダーニャ(セルダーニュ)などを領土とする一方、南方にはリュブラガット川を越えてエブロ川下流域までのほぼ現在のカタルーニャ自治州にあたる領域を征服した。同時に、同連合王国の地中海進出を推進し、十三世紀にかけてバレンシア王国、マジョルカ王国を成立させ、十四世紀初めにはサルデーニャ、シチリア、ナポリ、さらにはペロポネソス半島にまでその勢力を拡大した。後世の歴史家は、これを「カタルーニャ地中海帝国」として誇る。

同時にこれはカタルーニャ語の書記言語・文化言語としての確立とその言語圏の拡大を意味した。十三世紀末にカタルーニャ語は俗ラテン語とは明白に異なる言語構造を獲得し、日常生活から政治行政の世界にいたるまで広く使われた。十五世紀には文化言語としての輝きを増し、アウジアス・マルク、ジョアノット・マルトレイなどの作品が輩出された。そしてルサリョ、サルダーニャはもちろんのこと、バレンシア、マジョルカ、さらにはカタルーニャ人の入植したサルデーニャのアルゲー(アルゲーロ)へとカタルーニャ語は広まり、定着した。十九世紀後半からの言語復権運動のなかで「カタルーニャ語圏(パイズス・カタランス）」という言葉が使われ、これらの地方におけるカタルーニャ語回復をめざすという言い方がされる。中世盛期に拡大して現在もカタルーニャ語を母語とする人びとが生活するこれらの言語領域において、近現代の過程のなかで後退したカタルーニャ語の使用を「正常化すること（ヌルマリザシオ）」が主張されているのである。

地中海進出に伴う商業活動を中心とした社会経済的発展とともにカタルーニャには、王権を制約する統治契約主義（パクティスモ）的伝統が根付き、カタルーニャ議会（コルツ）、議会閉会中の執行機関としての議会常設代表部（ジャナラリタット）、バルセローナ市統治機関としての百人会議（クンセイ・ダ・セン）などの諸制度が生まれた。もちろんこれらは身分制的性格のものであった。だが、十八世紀初頭のスペイン継承戦争を経て、マドリード宮廷によって廃止されたこれらの諸制度は、十九世紀になるとカタルーニャの「民主的」自治の歴史的淵源として想起され、ジャナラリタットの言葉が、自治州政府という意味で甦る。さらに、前述したように二十一世紀の分離独立主義者は、これらの制度をもってカタルーニャは「完全な自主統治権」を享受していたと主張して、「独立」の根拠とするのである。

ジャウマ一世を讃える歌

カタルーニャの輝かしい過去を想起させるために引き合いに出されるのは、ジャウマ一世（在位一二一三〜七六）の偉業である。バレアレス諸島やバレンシアをイスラーム勢力から奪還し、カタルーニャ公国の版図を大幅に拡大してカタルーニャ地中海帝国の基礎を築き上げた人物で、「征服王」という称号がジャウマには与えられている。

そして現在のカタルーニャの幼児教育では、ジャウマを讃える歌が広く採り入れられているという。六歳の子どもたちは刀や鎧を手作りして、それを身に着けて両親のまえで「ジャウマの兵隊は初めはわずか一〇〇人だった（Jaume Primer Tenia Cents Soldats）」という歌を皆で声をそろえて合唱する。こうしてカタルーニャ語のイマージョン教育のパフォーマンスを通じて、カタルーニャ君主への忠誠というイデオロギーが、カタルーニャの過去の素晴らしさとともに子どもたちの脳裏に刷り込まれる。[42]

しかし、領土の征服にはもともとそこに居住していた人びとの排除や強制的同化が伴われるのは必然である。たとえば、カタルーニャ国民主義史学は、十四世紀の地中海のサルデーニャ島をペーラ三世が征服し、いまなおこの島のアルゲーロの町ではカタルーニャ語が話されていることを誇るが、それはもともとの住民を追いやってカタルーニャ人が入植した過去の残滓である。[43] このような負の側面が語られることはないのである。

中世後期カタルーニャ社会の混乱

議会常設代表部などの統治機構の整備や、のちのカタルーニャ語圏(パイズス・カタランス、カタルーニャ語諸地方とも)[44] のもととなる版図の拡大にもかかわらず、カタルーニャ公国の内部では大きな混乱が起こっていた。中世的過去の栄光をカタルーニャ・アイデンティティに据える国民主義史観が看過する側面であるがゆえに、少しこうした社会状況を指摘しておきたい。

まずは領土拡大、とくにサルデーニャ領有へのこだわりが、度重なる現地住民の反乱もあってカタルーニャ公国に大きな負担となったことだ。十四世紀半ばにはジェノヴァとの商業上の軋轢も増して、ジェノヴァとの同盟関係を深めるカスティーリャの台頭によって、地中海西部・アフリカでの商業覇権はその展望を失った。十五世紀半ば、アルフォンス四世はふたたび攻撃的な地中海政策を展開してナポリ王国領有にも成功するが、同王がナポリに常駐したために、アラゴン連合王国、とくにカタルーニャ公国の統治の混乱に拍車をかけた。

一三四八年のペストの蔓延を皮切りに、疫病や飢饉が繰り返しカタルーニャ社会を襲い、民衆の不満は社会的マイノリティであるユダヤ教徒に向かった。九一年には、セビーリャで起こった反ユダヤ暴動がこの地方にも飛び火した。これは、都市市政を牛耳る寡頭支配層への反発と連動していたことに注意したい。十五世紀になるとバルセローナ市では、商人・職人からなるブスカと呼ばれる勢力と、議会常設代表部とつながる従来の都市寡頭支配層たるビガが激しく対立したのである。

他方、人口減少と労働力不足によってラメンサ農民（土地緊縛からの解放にはラメンサという身分買戻しを必要とした）の地位向上が図られたが、聖俗領主がこれをやすやすと受け入れることはなかった。十五世紀後半にカタルーニャは、ラメンサ農民の一斉蜂起をきっかけに、王権、貴族、都市寡頭支配層を巻き込んだ一〇年にわたる内戦状態に陥ったのである。

第3章・注

36　第3章から第8章第1節にかけての歴史過程については、拙稿「近現代のカタルーニャ」、関哲行・立石博高・中塚次郎編著『世界歴史大系 スペイン史 2 近現代・地域からの視座』（山川出版社、二〇〇八年）所収に加筆修正した。

37　カタルーニャ（Catalunya）という名称については、「ゴート人の土地」説、「城砦」説、「ラケタニ人」説などがあるが、現在までその起源はわかっていない。興味深いのは、「ウジェー・カタロー（Otger Cataló）」説で、これは八世紀前半にこの名前の貴族が九人の家臣とともにレコンキスタを始めたという伝承によるもので、十五世紀に生まれて近世に広く流布した説話である。王権が八世紀末のカール大帝の偉業（辺境伯の設置）に建国起源を求めるのに対して、伝統的貴族たちは「カタローと九人の貴族」という祖先神話を「創造」して対抗したのである。

38 川上茂信「カタルーニャ語とはどういう言語か——地域的広がりと歴史」、立石・奥野編著、『カタルーニャを知るための50章』所収を参照。

39 足立孝「ギフレー多毛伯の神話」、立石・奥野編著、『カタルーニャを知るための50章』所収を参照。

40 アストラーダの旗は一九一八年にV・A・バリエステーが創作したものだが、キューバ独立運動の旗からインスピレーションを受けている。二十世紀には一握りの極左独立派の旗だったのが、いまやバルサのサッカー競技場でも盛んに振られている。一方、伝統的な四本筋の旗は、独立反対派の集会でスペイン国旗とともに誇示されている。「国旗」をめぐる抗争については、CANAL, Jordi, *op. cit.* の第8章、第9章に詳しい。

41 カタルーニャの国民主義史学では、これを「カタルーニャ＝アラゴン連合体（Confederación catalano-aragonesa）」と称するが、これは史実としての用語ではなく、カタルーニャを強調するための作為的表現である。

42 VARGAS,Michael A., *Constructing Catalan Identity. Memory, Imagination, and the Medieval,*

Palgrave Macmillan, 2018, pp. 2–6 を参照。

43 *Ibidem*, pp. 76–77.

44 これに関しては、拙稿「『カタルーニャ語諸地方』とは？」、立石・奥野編著、『カタルーニャを知るための50章』所収を参照。

第4章

近世スペインとカタルーニャ

第1節　スペイン帝国に包摂されたカタルーニャ公国

スペイン帝国と複合君主政体

十五世紀末のカスティーリャ王国とアラゴン連合王国の統合は同君連合にすぎず、この後も両国、そして後者のなかのアラゴン、バレンシア、カタルーニャはたしかに中世以来の独自の法、統治機構、議会、貨幣、租税などを維持し続けた。カトリック両王が樹立したスペイン王国（モナルキーア・イスパニカ）は、「法律や税制に手をつけない」まま一つの王権が諸国に君臨する「複合君主政（モナルキーア・コンプエスタ）」だった。ただし、カタルーニャが公国として「完全な自主統治権」を享受していたとは言い難い。あくまでもスペイン君主国のなかに包摂されていたのであって、独自の軍事外交政策を展開できたわけではなく、国王の代理として副王が派遣されていたし、帝都に置かれたアラゴン顧問会議を通じて重要な統治事項は決定された。次第に開催されなくなった身分制議会（コルツ）に代わって議会常設代表部（ジャナラリタット）が地方特権の擁護に果たした役割は大きかったが、「自主統治権」を有していたわけではなかった。

さて、十六世紀半ばにフェリーペ二世は、「旧世界」から「新世界」にかけて広大な領土を支配し、つねに領土のどこかに太陽が昇っていると豪語する「太陽の沈まぬ帝国」を実現した。マドリードを常設的宮廷と定め、カトリック君主国とも呼ばれるようにキリスト教の盟主を自負したが、覇権的帝国政策はしだいに行き詰まっていった。緩やかに諸王国を統治していた複合君主たるハプスブルク家は、カスティーリャ以外の諸国にも軍事的・財政的負担を求めざるを得なくなった。フェリーペ四世の寵臣オリバーレスは、「カスティーリャの形式と法にのっとって」諸国を統合しようと目論んだ。[45]

カタルーニャの反乱

一六四〇年から五二年にかけてのカタルーニャの反乱は、フランスとの戦争のなかで中央集権的な姿勢を強めるマドリード宮廷への反発から始まった。この反乱は王権がカタルーニャの諸制度を従来どおり遵守するという懐柔策によって収まったが、一六五九年のピレネー条約でカタルーニャは、北カタルーニャと呼ばれたルサリョとサルダーニャ北半分などの領土を失った。

この反乱は、十九世紀後半のカタルーニャ・ナショナリズム台頭のなかで、中央集権的マドリードへの民族的抵抗として想起され、これは国民主義学派がもっとも重視する歴史解釈の一つとなった。[46] 今ではJ・カナルが指摘するように、「カタルーニャの一体性など決して存在しなかった」とみるべきであって、[47] この時点でカタルーニャ民族（ナシオ）意識が成立していたかは疑問としたい。

議会常設代表部（ジャナラリタット）に象徴されるカタルーニャの旧体制の諸制度は、領主貴族や都市寡頭支配層のさまざまな社会的経済的特権を守るための道具であった。[48] カタルーニャ社会もまた内部に特権諸身分と農民層・都市民衆の対立を孕んでいたのである。一六四〇年六月七日の「血の聖体の祝日」からカタルーニャの反乱は始まったとされるが、実際には駐屯するカスティーリャ軍に加えて領主層への伝統的な反発も各地で強まっていた。特権諸身分は、カスティーリャ軍への抵抗を決断したが、それは反乱が社会革命に転化するのを避けるためでもあった。さらに、最初から王権に忠実な地域も少なくなかった。

「刈り取り人」の歌

自治州の「国民的シンボル」の項目で「国歌」とされるのは、カタルーニャ反乱の時期に「傲慢なカスティーリャ人」への抵抗を謳った「刈り取り人（アルス・サガドース）」の歌である。これは、一九九三年にカタルーニャ議会で決議された。この歌は、ミラー・イ・フォンタナルスが十七世紀の民衆詩から採ったもので、一八九二年にF・アリオーによってメロディーがつけられて楽曲となった。その後にも部分的修正が加えられて九九年に、現在の詞となった。

リフレインの「刈り取り鎌で痛烈な一撃を！　大地の擁護者たちよ！」はあまりに有名だが、もともとは「しっかりと刈り取れ、（刈り取った）藁は高価だ」というものだった。

「刈り取り人」の歌詞が掲載された内戦期のビラ

冒頭の「カタルーニャは勝利して、ふたたび肥沃で豊かになる。傲慢な人びとよ、(カタルーニャから)立ち去れ」という詞は、カタルーニャの抑圧からの解放という独立精神を鼓舞する。スペイン内戦のなかでも、バルセローナの人びとを勇気づけるためにこの歌を載せたビラが配られた。現在カタルーニャでは、公式行事のみならず、いろいろな行事で歌われるが、分離独立派が「傲慢な人びと」にスペイン中央政府を重ねていることは言うまでもない。[49]

第2節 「ネイション」の喪失とブルボン朝の中央集権化

王朝の交替とスペイン継承戦争

十八世紀初めのスペイン継承戦争（一七〇一～一四年）の結果は、カタルーニャの歴史にとっての大転換点となった。ハプスブルク家に代わって君臨することになったブルボン家は、複合君主政的伝統を廃止して、アラゴン、バレンシア、カタルーニャにもカスティーリャの諸制度を導入したからである。一七一六年に公布された新組織（ヌエバ・プランタ）王令は、カタルーニャ議会（コルツ）、議会常設代表部（ジャナラリタット）、バルセローナ市百人会議（クンセイ・ダ・セン）などのカタルーニャの諸制度を廃止して、マドリード宮廷の任命する方面軍司令官と彼が主宰する地方法院を新たな統治組織の根幹に据えた。域内地方行政区分は、中世以来のバゲー管区がコレヒドール管区に代えられた。

九月十一日の記憶と国祭日

自治州の「国民的シンボル」の項目で「国祭日」とされるのは、「九月十一日（l'Onze de Setembre）」である。十九世紀のロマン主義のなかでスペイン継承戦争はカタルーニャ独自の政体を擁護しようとした民族的戦いとして称えられるようになった。一八八六年のこの日、セントラ・カタラーというナショナリスト組織の若者たちが、サンタ・マリア・ダル・マル教会で「フェリーペ五世によって壊されたカタルーニャの自由を擁護する」行事をおこなった。最後の拠点バルセローナが国王フェリーペの軍門にくだった一七一四年九月十一日が初めて追悼されたのである。その後も年をおいて追悼行事がおこなわれたが、一九〇一年、最後の抵抗主導者カザノーバの記念碑への献花に集まった人びとの示威行動を抑えるために警察官が投入され、約三〇人の逮捕者がでた。この事件をきっかけに九月十一日は「カタルーニャの自由の喪失の日」という意味付けを与えられ、年を追うごとに多くの人びとを動員するようになった。プリモ・デ・リベーラ独裁期（一九二三〜三〇年）、そしてフランコ独裁期（一九三九〜七五年）にこの追悼行事が禁止されたことによって、逆に民主化移行期以降、九月十一日は特別な重みをもつことになった。九月十一日は、カタルーニャ民族の日（Diada Nacional）となり、祝祭の雰囲気をもった。

二〇一〇年代の分離独立運動が激しさを増すなかで、一七一四年という年が現在の分離独立の歴史的論拠と位置付けられ、冷静さや寛容さが失われてしまったのは残念だ。三〇〇周年直前の二〇一三年十二月、州政府の後援で「カタルーニャに敵対するスペイン」と題するシンポジウムが開催された。それは、実行責任者で独立主義歴史家スブラケスが述べたように「ナショナルな実態としてのカタルーニャが破壊された」ということを基調とするものであった。スブラケスは、聴衆を前に「独立へと我われを導く厳密な歴史研究、万歳！」と叫んだ。[50]

しかし、国民主義学派に距離を置く歴史学の立場からすれば、一七一四年九月十一日に過度の歴史性をもたせるのは間違っている。たしかにカタルーニャの特権的諸制度の廃止にはつながったが、民法やカタルーニャ独自の商・経済慣習は残さざるを得なかったし、カタルーニャ語は一般の人びとのあいだで普通に使われ続けていた。二十世紀初めに唱え

カザノーバの銅像
（バルセローナ市サン・ペラ通り）

られたような「民族の終焉」には程遠かったのである。そうした意味では、極端な節目をつける、あるいは「断絶の事実」として歴史を描く傾向が、国民主義的史観にはあるということだ。なお、細かいことだが、「自由のための殉教者」として顕彰されるカザノーバは、十一日の戦闘で命を落としたのではなく負傷しただけで、長寿を全うしたというのが事実だ。さらに戦闘自体も十一日には終わらず翌日まで続いている。十九世紀後半に設置されたカザノーバの銅像は、フランコ独裁時代に撤去されたために、ますますカタルーニャ愛国主義の象徴性を帯びることになった、というのが真相である。

ブルボン朝下の中央集権化

地域的特殊性の強いカタルーニャでは、独自の民法の廃止にまではいたらなかったが、司法行政の分野においてはスペイン語のみが使用を求められた。十六・十七世紀を通じたマドリード宮廷の政治的・文化的覇権のためにカタルーニャの知識人文化の後退は否めなかったが、カタルーニャ語は人びとの日常の言語として根付いていた。しかし、この時期になると王権は、「カスティーリャ語（ママ）の導入を最大の配慮のもとにおこなう」ようコレヒドールに秘密訓令（一七一七年）を出しているように、言語的・文化的カスティーリャ化をも企図した。一七六八年には小学校におけるカタルーニャ語使用を禁じ、七二年には商人はスペイン語で書かれた帳簿をもつよう命じ、九九年にはカタルーニャ語での劇上映を禁止した。

しかし、アンシャン・レジーム期にあってじっさいに民衆の言語的・文化的カスティーリャ化を進めることは不可能であった。スペイン語の読み書きを教える初等教育制度すらほとんど施行されておらず、民衆を国民化する手だてを欠いていたからである。

スペイン経済を主導するカタルーニャ

こうしてカタルーニャはスペイン国家内部で独自の歴史的記憶と言語・文化をもちつつ近現代に入ったが、十九世紀から進行したスペイン国民経済の確立と発展のなかで同地域はきわめて主導的な地位を占め、「スペインの工場」の名を享受することによって、その地域的特性がいっそう顕著になっていく。

中世には地中海交易で繁栄を誇ったカタルーニャだが、十六・十七世紀を通じて経済の停滞に苦しんだ。しかし、十七世紀末にはオランダやイングランドの需要に応えるためのブドウ栽培が広がる。カタルーニャでは中世末期の反領主農民運動などの混乱を収束させるために農民の隷属身分からの解放がおこなわれ、永代ないし長期の土地貸借契約が慣行化していたために、農民層が新たな需要の刺激を受けて耕作拡大をおこなうことが可能だったのである。そして北ヨーロッパへのブランデーやワインの輸出を軸にして、商工業の拡大が始まった。スペイン継承戦争の結果、カタルーニャの諸制度は廃止されたものの、カスティーリャが新たな「国内市場」となったために、カタルーニャの商工業活動はさらに活発化した。

十八世紀には同地方のブドウ栽培はますます盛んになり、世紀中葉に始まっていたスペイン領アメリカへのブランデーやワインの輸出が、一七六五年法令でバルセローナにも認められると、それらの輸出は飛躍的に増大することになった。他方、この頃、伝統的な毛織物業に代わって綿工業が興った。三七年にバルセローナで綿プリント地（プリント・キャラコ）の工場が創設され、アメリカ向け輸出を基軸にして急成長を遂げた。一八〇五年に同市には九一もの綿工場があった。農産物輸出で蓄積された資本の多くは、新しい工場や機械の導入に投資され、一七八〇年頃にはジェニー紡績機、一八〇五年頃にはミュール紡績機が導入されている。少し時代を下った十九世紀半ばには、カタルーニャの繊維産業はスペイン全体の六割以上の生産を誇り、その他の製造業を合わせてみてもカタルーニャ工業はスペイン全体の四分の一の生産をおこなっていた。面積は全体の六％で、人口も全体の一〇％にすぎなかったことを考えると、カタルーニャはまさに「スペインの工場」であった。

以上、カタルーニャは、中世においては固有の歴史を歩み、スペイン王国に包摂された近世にも独自性を強く保持した。十九世紀以後のスペイン国民国家の形成と展開の過程においても、カタルーニャという地域はこうした過去の記憶を忘却することも、その固有言語と文化を失うこともなかった。カタルーニャはスペイン国内の低開発地域ではなく、経済的ヘゲモニーを握っていたからである。その地域主義さらに地域ナショナリズムには、国内植民地としての意識ではなく、国内の経済先進地域でありながら首都マドリードで政治的ヘゲモニーを発揮できないという苛立ちがあった。と同時に、これには、産業化のなかで生じた域内の社会的軋轢を回避して、地域の調和を謳い上げげんとする意図が潜んでいた。さらに後には、経済先進地域であるがゆえに域内に、カタルーニャ語を理解しない多くの移入者、すなわち「内なる敵」たる人びとをかかえるようになっていく。カタルーニャは、マドリード政府による抑圧をたびたび受けながらも、地域の言語＝文化的一体性を主張して、スペイン国家とのあるべき関係を模索し続けていくことになる。

第4章・注

45 近世スペインの複合君主政については、立石博高編著『スペイン帝国と複合君主政』(昭和堂、二〇一八年)を参照。

46 こうした解釈への全面的批判が、J・H・エリオットの学位論文であった。ELLIOTT, J.H., *The Revolt of the Catalans*, Cambridge, 1963.

47 CANAL, Jordi, *Historia mínima de Cataluña*, Madrid: Turner, 2015, p. 99.

48 たしかに前近代カタルーニャの諸制度は王権の恣意的介入を防ぐうえで有効であった。ALBAREDA, Joaquim, "Political Participation in Catalonia. From Zenith to Suppression", in VV. AA., *Political Representation in the Ancien Régime*, New York: Routledge, 2019, pp. 213-230を参照。だが、同時に既存の身分制的社会秩序を維持する組織であったことが、カタルーニャ歴史学の議論では看過されているきらいがある。

49 「国歌」をめぐる抗争については、CANAL, Jordi, *Con permiso de Kafka, op. cit.* の第10章に詳しい。

50 このシンポジウムの記録は州政府によって出版されている。AA. VV., *Vàrem mirar ben al lluny del desert. Actes del simposi: Espanya contra Catalunya: una Mirada històrica (1714-2014)*, Barcelona: Generalitat de Catalunya, 2015. 「国祭日」をめぐる抗争については、CANAL, Jordi,

Con permiso de Kafka, op. cit. の第11章に詳しい。

第5章

国民国家形成とカタルーニャ

第1節　スペイン国民国家への期待

フランス人戦争

一八〇八年から一四年の、ナポレオン軍のスペイン侵略とそれに対する抵抗戦争は、スペイン史学では「独立戦争」の名称を与えられているが、これは「スペイン国民」を前提とした理解にくみするおそれがあるために、カタルーニャ史学では「(反) フランス人戦争」を使っている。[51] 命名の仕方はともかくとして、この戦争が当初から「国民」的戦いでなかったことは事実である。だが、後述のカディス議会にみるように、スペイン国民形成の動きが現れたのも確かであった。

一八〇八年六月、ナポレオンは兄ジョゼフを国王ホセ一世としてスペインに君臨させたが、親フランス派（アフランセサード）を頼みにしてもスペインをただちに制圧することはできなかった。バルセローナはフランス軍占領下に置かれたが、愛国派（パトリオタ）はリェイダを中心にカタルーニャ最高評議会を結成して抵抗を続けた。しかし、旧来の社会秩序を維持しようとする最高評議会は、民衆の不満を新たな秩序へと嚮導する力を欠いて、一一年六月までにジローナ、リェイダ、タラゴーナなどの拠点を失った。

ナポレオンの命を受けたオージュロー元帥は、親カタルーニャ的レトリックを駆使して住民の支持を得ようとした。布告などにカタルーニャ語を使用し、カタルーニャにとってスペインに属することの不利益を説き、この宣伝には親フランス派のトマス・プチらが積極的に協力した。しかし一八一二年になると、主要都市を制圧したナポレオンが、カタルーニャをフランスに併合するという暴挙に出た。カタルーニャはフランスに属する四つの県（デパルトマン）に分けられたのである。フランスの「自然国境」は、ピレネー山脈ではなく、シャルルマーニュの築いたイスパニア辺境領を含むというのがその論拠であった。

だが一八一二年夏以後、ナポレオンはロシア遠征のためにスペインから一部軍隊を引き揚げた。駐留軍に対するゲリラ活動が激しくなり、またポルトガルからのイギリス軍の攻勢が本格化して、フランスは守勢に転じた。一三年十二月に和平が結ばれ、一四年六月までにフランス勢力はカタルーニャから撤退した。

フランス人戦争のあいだも、国家の徴兵制（キンタス）への抵抗は根強く、軍隊からの脱走も多かった。民衆は、ガバーチョ（フランス人に対する蔑称）を憎みながらも、自分の生活空間から離れることを嫌い、不正規兵としてのゲリラ、自警団（スマテン）といった活動を積極的に選んだ。だが、ゲリラの兵士としての規律は低く、盗賊とまがう行為もたびたびみられた。スペイン当局は、ゲリラを軍隊の統制下に置こうとしたがうまくいかなかった。

カディス議会とカタルーニャ

一八一〇年九月開催のカディス議会には、カタルーニャから約二〇人の代議員が参加したが、カッマニィ[52]を除いて目立った議会活動をおこなっていない。彼らの多くは国家行政に参与したことがなく、スペイン語を話すことにも慣れていなかった。一二年三月採択の新憲法（カディス憲法）に関しても際立った異論は出なかったが、第一一条の領土区分については、カタルーニャの有する歴史的境界線を尊重し、内部区分を慎重におこなう旨の意見が出されている。

カッマニィの発言は、この時期の地方の改革論者の考え方を知るうえで興味深い。彼は代議員という資格が「国民（ナシオン）」の代表であって、「あれこれの地方」の代表でないことを明言する一方で、「これら（アラゴン人、バレンシア人、ムルシア人など）の小さな諸国民（ナシオネス）から偉大な国民が構成される」として、スペインの各地方がもつそれぞれの一体性は尊重されねばならないと主張した。他方、スペイン国家の政治行政言語をスペイン語に限ることには異議を唱えなかった。同じ時期、カタルーニャ人プチブランは、「国家のなかの他の人びとと新しい諸制度のもとでますます緊密な絆をつくりあげていくには、地方語を放棄する必要がある」と説いた。アンシャン・レジーム（旧体制）を廃棄する動きのなかでは、スペインを「国民（ナシオン）」として承認し、「国民言語（レングア・ナシオナル）」たるスペイン語の修得を積極的に奨励することと、自分たちの地方の慣習を擁護することとはけっして矛盾しなかった。そして、なかにはスペイン語文化への同化を必要と考える者もいたのであった。

第2節　地域ナショナリズムの始動

絶対主義的反動から絶対王政終焉まで

一八一四年五月、滞留先のフランスから戻ったフェルナンド七世はカディス憲法を廃止して絶対主義を復活させた。しかし、アメリカ植民地独立戦争が拡大するなかで深刻な財政危機に陥り、社会的不満に対処できなかった。カタルーニャ・ブルジョワジーは、植民地市場を失ってスペイン国内市場の必要性を強く感じており、自由主義者たちの反絶対主義の動きを支援した。

一八二〇年三月、自由主義者のクーデタが成功して、「自由主義（または立憲制）の三年間」が始まった。カディス議会で描かれた自由主義体制を実践する最初の試みである。しかし、改革の進め方をめぐって自由主義者のあいだに対立が生じた。バルセローナ市内でもこの対立から深刻な事件が生じた。さらに、二二年春には、絶対王政派（レアリスタ）の武装反乱が生じた。異端審問所の廃止や、修道院廃止とその財産の国有化・売却（永代所有財産解放）の措置は、聖職者たちの多くを反自由主義の立場に追いやった。領主制の廃止や教会十分の一税の半額化があったものの農民たちは、負担が重くなった現金での租税支払いに呻吟し、伝統的秩序への回帰を叫ぶ下級聖職者の声に共感した。これらの同調者を得た絶対王政派は、二二年八月に一万八〇〇〇人もの兵力を擁してウルジェイに摂政府を置き、タラゴーナ司教もその一員となった。しかし、自由主義政府はエスポス・イ・ミナ率いる軍隊を派遣して、同年十一月にこれを鎮圧した。

だが、自由主義革命を脅威とするヨーロッパ列強の合意によってフランスから「聖ルイの一〇万人の息子たち」と称する軍隊が侵攻し、一八二三年十月、その助けでフェルナンド七世がふたたび絶対君主に立ち戻った。カタルーニャではナポリやピエモンテの反革命から逃れた自由主義者も加わって抵抗を試みたが、十一月に降伏した。絶対王政派による激しい報復が起こり、二四年にカタルーニャでは二〇〇〇人以上が暗殺された。

この後一八三三年にフェルナンドが死去するまでふたたび反革命の時代が続くが、王政維持のためには行政、経済、金融の一定の合理化をおこなわざるを得なかった。しかも列強の支持を得るために極端な反動に走ることはできず、のちに使徒派（アポストリコ）と呼ばれる超絶対王政派の求めるような粛清や、異端審問所の復活はおこなわれなかった。

一八三〇年、フェルナンドの四度目の王妃マリア・クリスティーナが女児イサベルをもうけたために、政局は一転した。絶対主義を堅持しようとするカルロス支持派（カルリスタ）に対して、イサベル支持派は穏健派自由主義者に接近したからである。三二年に成立したセア・ベルムデス内閣は、政治犯恩赦などの懐柔策をとり、行政の集権化・近代化を進めた。後者には三三年十一月の県（プロビンシア）制度導入（二三頁地図「カタルーニャ州と四県区分」を参照）も含まれる。カタルーニャが行政単位として四県に分かれたことは、地方諸特権（フエロス）を擁護する人びとの反発を買ったが、大きな論争にはならなかったことに注意したい。カタルーニャという一つの行政単位に戻すことは、十九世紀末からの地域ナショナリズムにとって大きな目標になっていく。

フェルナンドが死去した翌月の一八三三年十月、イサベル二世即位を認めないカルリスタは、バスク地方、ナバーラ、バレンシア北部、そしてカタルーニャの各地で蜂起した（第一次カルリスタ戦争）。しかし、穏健派主導で自由主義改革は進められ、三〇年代後半には、スペインはアンシャン・レジームの政治・法諸制度を最終的に廃止した。新しい時代を象徴するかのようにカタルーニャでは、スペイン継承戦争後サルベーラに移されていた大学が三七年にバルセローナに戻っている。四〇年七月には六〇〇〇人のカルリスタ勢力をフランス側へ放逐して、長期にわたる戦争に終止符が打たれた。

穏健派自由主義への反発

カルリスタの脅威が払拭されると摂政マリア・クリスティーナは一八三七年憲法を蔑ろにした。これに反発する進歩派は各地で蜂起して、四〇年十月、マリア・クリスティーナは亡命を余儀なくされた。代わって摂政となったエスパルテーロ将軍の統治は、カタルーニャにとっては幻滅以外の何ものでもなかった。絶対主義の象徴であったバルセローナ市内の要塞（シウタデリャ）を崩そうとする動きを弾圧し、四〇年五月につくられたバルセローナ織物工組合を禁止した。さらに、自由貿易主義と親イギリス的政策を進めたために、綿工業の破滅と失業の増大につながるとしてカタルーニャの経営者・労働者双方の反発を招いた。四二年十一月に入市消費税不払いから都市暴動（ブリャンガ）が拡大すると、翌月にはエスパルテーロ自身が乗り出して、同市を大砲で攻撃して事態を収拾した。その独裁的姿勢は進歩派のみならず穏健派勢力の反発も受けて、四三年七月、エスパルテーロはロンドンへ亡命した。

各地の進歩派の動きを抑え込んだ穏健派将軍ナルバエスは、一八三七年憲法遵守の約束を反故にして、集権的な政治的寡頭支配を実現した。同年十一月、一三歳のイサベル二世の成人宣言がなされたが、五四年から五六年にかけての「進歩派の二年間」を除いて、イサベルの亡命にいたる六八年まで、穏健派自由主義者が政権を担うことになった。

穏健派自由主義とカタルーニャ保守派

一八四五年に体系的な消費税（コンスーモス）が導入され、徴兵制（キンタス。金銭支払での免除あり）がふたたび課されると、カタルーニャの多くの市町村で騒擾が生じた。徴兵制の免除額は四〇〇〇レアルという町医者の年収に相当する高額であり、民衆が六年に及ぶ徴兵を逃れることは難しかった。この年の騒動は鎮圧されたが、以後、「徴兵制と消費税をなくせ！」という叫びは、六八年革命まで絶えず繰り返された。

こうした民衆の不満は、翌四六年九月に二度目の蜂起（第二次カルリスタ戦争、「早起き人戦争」とも）を起こしたカルリスタ勢力への支持ともなった。カルリスタは、カルロス（フェルナンド七世の弟）の息子とイサベル二世の結婚計画の頓挫により蜂起したのだったが、穏健派自由主義に対する各地民衆の不満の受け皿ともなったのである。さらに四八年のヨーロッパの諸革命の影響が及ぶと、カタルーニャでは奇妙な連合も生まれている。共和主義者の一部が、穏健派政府と対抗するために、カタルーニャ自治の擁護という点でカルリスタに同調したのである。結局はうまくいかなかったが、バルトラン・イ・スレーは自治機関として「カタルーニャ総代表部（ディプタシオン・ヘネラル）」の設立を唱え、「我われはカタルーニャ人である。聖ジョルディの御旗を掲げて兄弟となろう」と謳ったのである。しかし四九年五月に、すでに近代装備をもっていたスペイン軍に敗北した。

その後、農村部での目立った騒擾はなくなったが、工業化の進むカタルーニャの諸都市では農村からの人口流入が著しく、とくにバルセローナは深刻な住宅・環境問題を抱えるつねに不穏な都市となっていた。同市の人口は、一七八七年には九万五〇〇〇であったが、一八五七年には一八万四〇〇〇となり、カタルーニャ人口の一四％を占めた。都市暴動（ブリャンガ）が繰り返され、共和主義・民主主義的要求が高まり、労働者の闘争と組織化が強まる状況のなかで、カタルーニャ・ブルジョワジーは、穏健派中央政府への不満を高じさせながらも社会的には保守的にならざるを得なかった。また、ヨーロッパ諸国との経済競争力を欠いていたため、マドリードに経済的「保護主義」を認めさせることに腐心した。クルタージャの著作『カタルーニャとカタルーニャ人』(一八六〇年)は、カタルーニャの地方(プロビンシア)的独自性を表明した作品としてつとに知られるが、カタルーニャ人の勤勉さを称える一方で、都市民衆暴動を「忘却」している。

だが穏健派政府は、保守的カタルーニャ人ですら政治的に登用することはほとんどなかった。進歩派の二年間を除いた一八四三年から六八年までのあいだに二七の内閣がつくられたが、このなかでカタルーニャ人の大臣はわずかに六人であった。バルセローナ県令も、カタルーニャ人は四四年から五四年のあいだは一〇%、五六年から六八年のあいだは六%を占めるに過ぎなかった。穏健派体制の下では、カタルーニャ方面軍司令官の権限が強く(新カスティーリャ方面に比べて二倍の四万人規模の軍隊を擁した)、文民官僚の県令(ゴベルナドル・シビル)は付随的存在であった。カタルーニャで不穏な動きが広まると直ちに戒厳令が敷かれ、四三年から六八年のあいだのじつに一五年以上がそうした状態にあった。

一八五四年六月、保守的傾向をさらに強める穏健派政府に対してオドンネル将軍がクーデタを試みたが失敗した。しかし、数日後にはスペインの諸都市で進歩派の蜂起が起こり、イサベルは事態の収拾をエスパルテーロ将軍に委ねざるを得ず、ここに進歩派政権が誕生した。バルセローナでは進歩派に加えて民主派と労働者の動きが活発であった。第一次カルリスタ戦争終結後、バルセローナでは近代的綿工業が急速に発達しており、近代機械の普及によって職を脅かされた伝統的職人層、低賃金と劣悪な労働条件に苦しむ工場労働者は、激しい街頭示威行動を展開した。七月十四日には新たに導入された自動紡績機サルファクティナスが破壊された。さらにこの年の夏にコレラが蔓延して、社会的不安は著しく高まった。都市民衆は、民主派の掲げる「人間は食をとり、衣服を纏い、暖をとり、教育を受けて知識を得る必要がある」という生存権的要求に強く魅かれた。しかし、政府当局は、経営主や富裕層の反発に押されて労働運動の弾圧に着手した。五五年五月、カタルーニャ方面軍司令官サパテーロは戒厳令を敷いて、翌月には労働運動指導者ジュゼップ・バルセロを軍法会議にかけて処刑した。七月にはスペインではじめてのゼネストがカタルーニャで宣言されたが、当局によって激しく弾圧された。

自由主義連合への期待

オドンネル率いる自由主義連合（旧穏健派と妥協的進歩派を糾合）と進歩派の対立が深まり、一八五六年七月にエスパルテーロ政権は瓦解した。その後、ナルバエスらによる穏健派政権が続くが、五五年五月に敷かれた戒厳令を解こうとはしなかった。これにはカタルーニャでの反発が強まり、マニェ・イ・フラケーは「イギリスがアイルランドでおこなったことを（スペインは）カタルーニャにしようとしている」と告発した。そしてカタルーニャ保守派は、五八年六月に生まれた自由主義連合のオドンネル政権に改革への期待をかけた。戒厳令は同年九月に解かれた。

鉄道ブームや対外戦争の効果もあって、オドンネルは一八五八年から六三年にかけて長期政権を実現した。五九〜六〇年のモロッコ戦争では五〇〇〇人のカタルーニャ人が「義勇兵」としてプリム将軍の麾下に加わって、スペイン・ナショナリズムの高揚と「地域の誇り」の称揚が巧みに重なった。しかし自由主義連合の改革政策は進展せず、カタルーニャの保守派を幻滅させた。この間に制定された公証人法（六二年）、抵当法（六三年）は、カタルーニャ独自の制度を損なう内容のものであった。

こののち政権は穏健派に代わるが、イサベル＝穏健派自由主義体制の崩壊はもはや時間の問題であった。進歩派や民主派は選挙ボイコットをおこない、クーデタを画策した。腐敗した中央集権的寡頭政治を許す王政への批判は高まり、連邦主義や共和主義の運動が台頭した。カタルーニャではアメリカの南北戦争（一八六一〜六五年）の影響を受けて原綿不足から綿工業が危機に陥り、六六年には全般的な経済・金融危機に見舞われた。六七年夏にはカタルーニャで反政府運動が広がるが、穏健派政権のこれへの呵責のない弾圧は、自由主義連合をも反体制へと追いやった。結局、六八年九月革命によってイサベル二世の穏健派体制は倒されることになった。

穏健派ヘゲモニーのなかの工業化

十九世紀前半にカタルーニャは、フランス人戦争、第一次・第二次カルリスタ戦争、黄熱病・コレラの蔓延などさまざまな困難に直面した。しかしその人口は、一七八七年の八七万から一八五七年の一六五万へと急増し、スペイン全体に占める割合も七・八％から一〇・七％へと増えた。この時期にはまだ他地域からの移入者は少なかったので、この増加は基本的に自然増によるものであり、産業革命の進行という経済的発展によって支えられていたといえる。

永代所有財産解放の措置はカタルーニャでは、他地域のような大土地所有制の拡大にはつながらなかった。他地域と異なり永代借地制度が支配的であったため、多くの農民は修道院・教会に代わって国庫へ地代を納めることになったが、安定した土地利用権を享受し続け得たのであった。しかし沿岸・亜沿岸地帯がブドウ栽培、アーモンド、ハシバミの実などの商業的作物栽培で潤ったのに対して、内陸地帯は伝統的な小麦、オリーブ生産に依存したままで停滞を余儀なくされた。カタルーニャの長子相続にもとづく農地家屋継承の伝統（パイラリズマ）のために、次男・三男は労働機会を求めて移住した。二〇〇〇人以下の村に居住する人びとの割合は、一七八七年には六〇％であったが、一八七七年には四三％に減少している。

人口の急増したバルセローナ市では、永代所有財産解放の結果収用された修道院所有地の一部が都市整備にあてられたが、都市環境の本格的改善はイルダフォンス・サルダの計画（一八五九年に作成）の着手と要塞（シウタデリャ）の解体を待たねばならなかった。同市を中心とした工業化は、すでに述べたように当初はイギリスと同様に伝統的職人層の抵抗（ラッダイト運動）にあった。しかし四〇年代半ばからは紡績工程の機械化が進み、「工業スペイン」のような近代的工場が定着した。さらに、石炭の不足するカタルーニャでは、水力を利用するためにリュブラガット川などの川沿いに八〇もの労働者住居を含む「工業コロニー」が設けられた。綿工業の発展に伴って金属工業も興り、製造業全般にわたっての発展がみられた。十九世紀半ばにはカタルーニャは、「スペインの工場」の地位を占めるにいたった。しかし、石炭・鉄鉱石を欠くカタルーニャでは高炉建設に失敗し、自前の製鉄業をもたないことがさらなる産業化にとっての足枷となった。

カタルーニャの鉄道は、一八四八年に初めてバルセローナ—マタロ間で開通し、六〇年代までに各地を結ぶ鉄道網がつくられた。スペインの他地域と異なりカタルーニャでは地元資本による建設であったが、おもな資材は外国から調達されたために、その波及効果には限りがあった。六六年の経済危機は、収益を確保できない鉄道建設の行き詰まりと絡んでいた。

イギリス繊維産業の高い競争力をまえにカタルーニャの工場主たちは、経済的保護主義を掲げざるを得なかった。この主張はすでに一八二〇年代からみられ、二六年には工場委員会がつくられ、四七年にはグエイ・イ・ファレーの主宰する工場評議会が設けられて、保護主義のキャンペーンをはった。この姿勢を貫くグエイ・イ・ファレーは、六六年には、「スペインは外国のパンも、外国の洋服も、外国の資本も必要としない」と断言した。六八年から始まる「革命の六年間」において、政府の進めた高関税政策の是正（フィゲローラの関税率）は、強い保護政策を求めるカタルーニャ経済団体との大きな摩擦を生むことになる。

革命の六年間

一八六八年九月革命の成功とともにカタルーニャでは、連邦共和主義が急速に台頭した。進歩派は王政を擁護しつつ、男性普通選挙と国民主権を基盤に政治・行政改革の推進を唱えたが、ピ・イ・マルガイの率いる連邦民主共和党（六八年十月に結成）を中心とする連邦共和主義勢力は、共和政の実現に加えて徴兵制や消費税の廃止を前面に打ち出して、社会改革の実現を期待する都市民衆の支持をとりつけた。六九年一月に実施された初めての男性普通選挙では、全国的には新王政の設立を支持する勢力が圧倒的だったが、カタルーニャでは三七議席中二八を連邦共和派が占めた。

一八六九年六月にスペインの政体を「民主的王政」と規定する新憲法が採択され、自由志願兵と称された民兵隊を解散し、キューバの独立反乱などに対処するために徴兵制を維持することが明らかになると、九月から十月にかけて共和派は武装蜂起をおこし、「徴兵制廃止、カタルーニャ万歳！」の叫び声をあげた。政府は戒厳令を発して、民兵隊の武装解除、共和派指導者の逮捕、共和派新聞の発行停止をおこなった。さらに翌七〇年三月から四月にかけては、徴兵籤引き実施への反対と妨害事件が相次ぎ、政府はカタルーニャへの徴兵制導入を一時断念した。戒厳令が解かれたのは四月末であった。これらのできごとのなかで連邦共和主義は、妥協派と非妥協派に分裂した。

一八六八年九月革命後、合法化によって労働運動は急成長した。六九年末には、八五〇〇人の綿工業労働者を結集して蒸気機関三種組合が結成され、七二年には関連組合を合わせて三万人を擁するにいたっている。さらに急進的な労働者は、第一インターナショナルに加盟するスペイン地方連合（ＦＲＥ）に加わった。七〇年六月、第一回スペイン労働者会議がバルセローナで開かれる。その代議員八九人のうち七四人はカタルーニャからの代表であった。その後バクーニン主義への傾倒が強まるが、七三年初めの約三万人の加盟者のうち四分の三はカタルーニャ人であった。

革命の六年間にはカルリスタ勢力が、地方諸特権復活をスローガンに第三次カルリスタ戦争（一八七二〜七六年）を引き起こし、カタルーニャでもベルガ、ウロットなどが一時占拠されたが、バスク地方やナバーラと異なって大きな勢力とはならなかった。都市部への人びとの移住によって、伝統的農村地域はすでに狭まっていたからである。六九年一月の選挙でもカタルーニャのカルリスタは三議席を得たに過ぎなかった。

新国王アマデオ一世の治世（一八七二年一月〜七三年二月）が短命に終わり、王政支持派が分裂して政治情勢が混乱するなかで、七三年二月、第一共和政が成立した。カタルーニャ人のフィゲーラス（二月〜六月）、次いでピ・イ・マルガイ（六月〜七月）が大統領となったが、この共和政は最初から全国的・社会的基盤を欠いていた。『スペインの声』などのマドリードの新聞は反カタルーニャ・キャンペーンをはって、すべての政治的要職がカタルーニャ人によって乗っ取られたかのように喧伝した。これに対して連邦共和主義の非妥協派は、「スペイン連邦共和国内のカタルーニャ国」を宣言するなど、政治的稚拙さを露呈した。七三年五月の憲法制定議会選挙では穏健的な連邦派が勝利したが、有権者の七割が棄権にまわっており、共和政にとって状況は困難をきわめた。

六月末から七月には、非妥協的連邦派が中心になってバレンシア、アリカンテなどで「完全自治区（カントン）」を求めるカントナリスタ蜂起が生じ、政府はさらに苦しい立場に追い込まれた。ピ・イ・マルガイは大統領を辞任し、続くサルメロンも二カ月で権威主義的なカステラールに代わった。いまや共和政の崩壊は、時間の問題となった。一八七四年一月、カステラール政権はクーデタによって倒され、ただちにカタルーニャの連邦主義者団体や労働組合が非合法化された。翌七五年一月、イサベル二世の息子アルフォンソ一二世の王政復古が実現した。

カタルーニャ語の文化言語としての復興

カタルーニャ語は民衆世界に息づいていたが、十九世紀初めのエリート層・知識人には文学・学術書を著すための「文化言語」とみなされていなかった。スペイン語を公的使用の言語とし、カタルーニャ語は私的空間の言葉の立場を甘受するダイグロシア意識の払拭は、漠然としたカタルーニャの地域的独自性の主張（プロビンシアリスモ）が同世紀末の政治的カタルーニャ主義へと発展していくうえでの大きな要件であった。

カタルーニャ文化史のなかでは、カタルーニャ語を文化言語にしようとする運動、すなわちラナシェンサ（文芸復興）運動は、一八三三年を出発点とするといわれてきた。この年、バルセローナ出身の作家アリバウが『エル・バポル』紙に「祖国頌歌」を発表して、祖国と言語の一体性を謳いあげたからとされる。だがアリバウは、生涯のほとんどをマドリードに暮らし、日常的にはスペイン語を使用した知識人であった。いずれにしろ、運動を展開するなかで最初から「起点」をもった——正確には、もつとされた——ことの意味は大きい。カタルーニャ語は、人びとの集合的アイデンティティの基本的表徴の役割を担うことになった。

一八四〇年代以後、カタルーニャ語での文学活動が広がりをみせる。ルビオ・イ・オルスは「リュブラガット川のバグパイプ奏者」のペンネームで一連の詩を発表した。そして、カタルーニャは「政治的ではないが、（文学的レベルでの）独立を希求できる」として、中世になぞらえた文芸コンクール「花の宴」の開催を提唱した。五九年にはバルセローナ市役所の後援を得て「花の宴」が復興された。もっとも当初のそれは、少数の保守的教養人によるフォークロアや中世文芸の再評価に過ぎなかった。彼らは、叙情的詩歌ではカタルーニャ語を用いてそれを「花の宴」などで発表したが、学術研究ではスペイン語を用いていた。褒賞された作品はアルカイックな中世的言葉で書かれており、総じてラナシェンサは民衆世界とは疎遠だったのである。

一方、農民や労働者の世界では、カタルーニャ語が話されていた。十九世紀の歴史書や政治論はスペイン語で書かれていたが、民衆への訴えかけを意図したものには、カタルーニャ語が用いられていた。民衆文芸は、「盲人のロマンセ」(朗唱される物語詩)、宗教冊子、そしてとりわけ演劇作品のなかに生きていたのである。

一八六〇年代には、フラダリック・スレーの演劇作品の人気が高まるが、彼は「いま話されているカタルーニャ語」で脚本を書いて、保守的文化を強く風刺した。六七年に政府は、「スペインの諸地方の方言」だけで演じられる作品を禁じるが、それは、こうした作品が「地方の分立的精神を助長し」、「国民言語(スペイン語)の使用が一般化するのを妨げる」からであった。また、アンセルム・クラベは、つとに四〇年代から職人層を中心にした民衆的合唱協会の結成に努めた。六四年、バルセローナ県令は、「それら（合唱協会）はカタルーニャ全土に広がり、彼を指導者とみなす政治的組織の性格を帯びた」と警戒心を示している。

一八七〇年には、文芸家クラブとして「若いカタルーニャ」が結成された。カタルーニャ主義を掲げたこの団体は、積極的に政治に加担することはなかったが、ラナシェンサの運動をカタルーニャ語復権の運動へと広げることになった。アンジャル・ギメラらが主幹となって発行された週刊誌『ラ・ラナシェンサ』（七一年）は、若い文筆家たちの執筆する場となり、八一年には日刊紙となって一九〇五年まで刊行が続けられた。一八七七年の「花の宴」は、このギメラとジャシン・バルダゲーに褒賞を与えたが、それは「いま話されているカタルーニャ語」がアルカイックなカタルーニャ語に代わって文化言語へと昇華したことを象徴している。

第5章・注

51 一八〇八～一四年の戦争には、「(反)ナポレオン戦争」のほかに、「蜂起」とか「革命」(自由主義改革に力点を置いた立場)という呼び方が与えられていた。十九世紀半ばのロマン主義的歴史学によって「スペイン独立戦争」という言葉が定着するが、これは明らかにスペイン国民国家形成のための作為であった。こうした「スペイン国民」を所与のものとする立場にカタルーニャの歴史家は反発し、彼らは同時代から使われていた「(反)フランス人戦争」という言葉を意識的に使っている。拙稿「スペイン独立戦争と『国民意識』――カタルーニャに関する最近の諸研究を中心に」(一橋大学一橋学会『一橋論叢』第110巻第4号、一九九三年)を参照。

52 アントニ・ダ・カッマニィ(一七四二～一八一三)は、当初は軍人をめざし、その後は役人、文筆家として活躍した人物で、当時は不名誉とされた職人仕事を擁護し、バルセローナ市の海運・商工業の伝統を称えるなど、啓蒙的立場からの歴史著作を数多く残している。彼は絶対主義批判の立場を貫いたが、最後まで、身分制の廃棄という構想にはいたらなかった。

第6章

王政復古からスペイン内戦までの動きと地域ナショナリズム

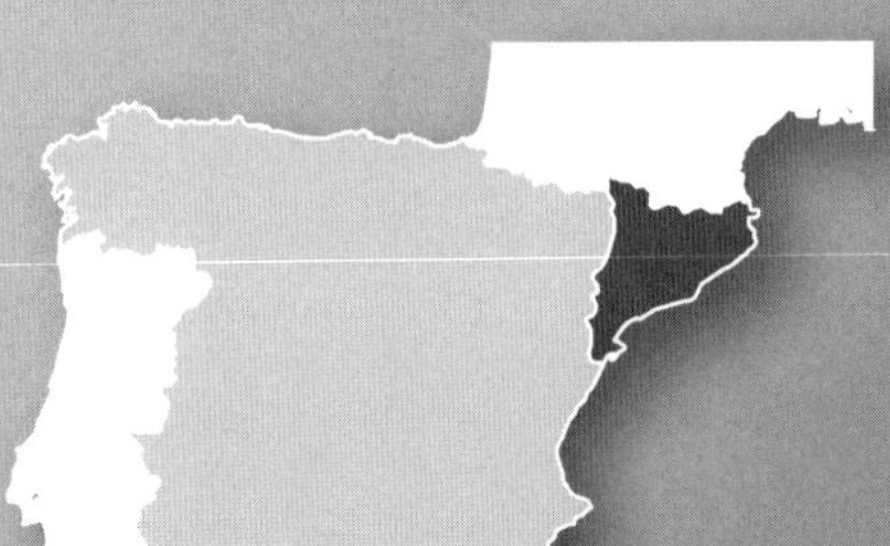

第1節　王政復古体制と地域ナショナリズムの展開

政治的カタルーニャ主義の始動

王政復古と、保守党と自由党の二大政党制は、革命の六年間の混乱からの社会秩序の回復としてカタルーニャの支配層から歓迎された。当初、有力なカタルーニャ・ブルジョワジーのなかには、金融家ジローナ・イ・アグラフェルや工場主ボッシュ・イ・ラブルスのようにカノバス・デル・カスティーリョの保守党を熱烈に支持する者、あるいは銀行家アルヌス・イ・ファレーのように、九月革命の立役者の一人サガスタの率いる自由党の隊列に加わる者が多かった。クネリスモのような域外候補者の押し付けには反対の声も強かったが、地方ボスの選挙操作（カシキスモ）はここでも広汎におこなわれた。

しかし一八八〇年代には、二大政党制から排除された諸勢力が、カタルーニャ主義の名のもとに結集を始め、世紀末の混乱を経るなかで二大政党制に幻滅する支配層をも糾合していった。八〇年に第一回カタルーニャ主義会議を開催したアルミライは、翌年にはピ・イ・マルガイと袂を分かって連邦共和主義と距離を置きつつ、カタルーニャの政治的・経済的利益の擁護へと向かった。八五年には国王に「被害報告」を提出して、カタルーニャ民法の維持と経済的保護主義を要求し、翌年にはその運動基本原則を『カタルーニャ主義』として纏め上げた。一方、アルミライの共和主義と世俗主義に同調しない保守的諸階層は、カタルーニャの伝統とキリスト教とを不可分のものとした。このカトリック的カタルーニャ主義は、ビックに拠点を置いたためにビガタニズマ（ビック主義）と呼ばれ、九九年にビック司教となるトラス・イ・バジャスがその中心的存在となった。

一八八七年、アルミライの共和主義的・進歩的姿勢に違和感を抱く人びとは、伝統主義者を包摂しつつ、「カタルーニャの精神、政治、経済利益の振興、改善、擁護」をめざすカタルーニャ同盟を結成した。翌八八年には、バルセローナ万国博覧会に積極的に関与するとともに、博覧会場を訪れた摂政マリア・クリスティーナにカタルーニャ語のメッセージを送って、「カタルーニャ民族（ナシオ・カタラーナ）が自由で独立した議会をふたたびもつ」ことができるよう要請した。スペイン国家のなかで広汎な自治を求める政治的カタルーニャ主義の明らかな始動であった。この組織は、八九年のカタルーニャ民法擁護の運動をもとに地方の諸組織を糾合して、九一年にはカタルーニャ主義連合へと発展した。

一八九二年、カタルーニャ主義連合は、マンレーザ綱領として知られる「カタルーニャ地域政体のための綱領」を作成した。これは、カタルーニャ語の域内公用語化、治安・徴税・学校教育などの権限のカタルーニャ地方政府への委譲といった大きな自治を要求した。その一方、カタルーニャ議会を各種職能諸団体の代表からなるものとすると提唱するなど、カトリック的な有機体的社会観を土台としていた。九〇年に全国的に男性普通選挙制が設けられるなかでのこうした提言は、カタルーニャの保守的諸階層の意向を反映するものであった。

だが、二十世紀初頭にかけて保守的カタルーニャ主義の強力な指導者となるプラット・ダ・ラ・リバは、個人的には熱心なカトリックであったが、ビガタニズマに引きずられて宗教をカタルーニャ・アイデンティティの象徴に含めることはしなかった。プラット・ダ・ラ・リバは、一八九九年にカタルーニャ主義連合から離反して、一九〇一年にはリーガ（地域主義連盟）の結成に向かった。[53] リーガはカタルーニャ・ブルジョワジーの大きな支持を得ることになるが、その前提として十九世紀末、ブルジョワジーたちのカタルーニャにおける社会問題深刻化への危機意識と、経済利益を保護し得ないスペイン国家への失望感とがあった。

一八七〇年代にカタルーニャのブドウ栽培は、フランスのブドウがネアブラムシの大被害を受けたために飛躍的に拡大したが、八〇年代には同様の被害に襲われて農村の状況は一変した。ラバサイラ（ブドウ栽培用地の借地農民）は農地契約改善を求めて、九三年にＵＲ（ラバサイラ同盟）を結成し、政治的には連邦共和主義に傾斜した。工業は繊維産業を中心に拡大したが、石炭や鉄鉱石といった原材料を欠くために産業の多様化を図ることはできなかった。世紀末にカタルーニャはスペインの繊維生産の八割を占め、全人口の一〇％で国内総生産の一五％以上を生み出して「スペインの工場」と呼ばれていたが、その工業製品の国際競争力は低かった。九一年の高関税率の設定を、カタルーニャの産業家たちは歓迎した。

しかし一八九〇年代には労働運動が先鋭化した。多くの繊維労働者を集めた蒸気機関三種組合は穏健的路線をとったが、ロックアウトを採る工場主の非妥協的姿勢を前にして衰退した。社会的閉塞状況のなかで九三年から九六年にかけてバルセローナでは、リセオ劇場の爆弾事件、聖体行列への爆弾投げ込み事件などテロ行為が横行した。当局は激しい弾圧をおこない、過酷なムンジュイック裁判によるアナーキスト処刑は国際的非難さえ浴びた。一九〇〇年、スペイン政府はようやく労働災害保障などの労働法規を整備するが、工場主と労働者の溝が埋まることはなく、労働者によるストライキと経営者側のロックアウトが頻発した。

カタルーニャ・ブルジョワジーを王政復古体制から離反させることになったのは、米西戦争の敗北とその後の再生主義的政治改革の失敗であった。一八九五年にキューバでの独立反乱が激化すると、植民地市場と密接な関係にある工場主が自治権付与に反対の態度をとる一方、カタルーニャ主義者はキューバ・ナショナリストに同調した。九八年の敗北は、スペイン政府の威信を失墜させ、スペイン知識人に強い衝撃を与えたが、逆にカタルーニャ主義は勢いを強める結果となった。カタルーニャは、植民地市場消失で一時的には経済的打撃を受けたが、植民地からの資本の還流などもあって産業の回復に手間取ることはなく、敗戦でキューバを失った今、カタルーニャ自治の主張はブルジョワジー全体の支持を得ることになったからである。

一八九八年十一月、カタルーニャの経済団体の代表は摂政マリア・クリスティーナに政治・行政の刷新、すなわち再生（レヘネラシオン）とカタルーニャへの経済協約（コンシエルト・エコノミコ）[54]の付与を求めた。さらにカタルーニャ・ブルジョワジーは中央政治にかかわるなかでの要求の実現をめざし、経済協約に理解を示すポラビエホ将軍を支援した。九九年、同将軍を陸軍大臣、カタルーニャ人のドゥラン・イ・バスを法務大臣とするシルベーラ内閣が成立すると大きな期待が寄せられたが、シルベーラ内閣は地域主義の要求に応えないばかりか、米西戦争で生じた財政赤字を商工業へのさらなる課税で補填しようとした。カタルーニャの経済団体は抗議行動を組織し、それは商工業者の税金不払い(「金庫の閉鎖」)へとむかった。

これを機に組織されたリーガは、二大政党制に幻滅した諸階層の支持を集め、一九〇一年の国政選挙では、バルセローナで四人の候補者全員の当選を勝ち取った。カシキスモは機能不全となり、以後、カタルーニャの政治はリーガを中心に展開することになった。

こうした政治的カタルーニャ主義の展開をみるにあたっては、十九世紀末に市民＝文化団体が大きな広がりをみせていたことを見逃してはならない。カタルーニャ小旅行センター(一八九〇年)、カタルーニャ合唱団(一八九一年)、カタルーニャ教育保護協会(一八九八年)などが相次いで誕生し、地域アイデンティティの高まりを助長した。前述のように、一九〇一年には、「一七一四年九月十一日」を顕彰する集会がカザノーバ記念碑前で開かれて、この後、九月十一日(l'Onze de Setembre)はカタルーニャ・アイデンティティを象徴する民族の日(Diada Nacional)となっていった。

工業化の進展と移入者の増加

一九〇〇年から三〇年にかけてカタルーニャの人口は、一九六万から二七九万へと急増した。スペイン全体に占める割合も一〇・五%から一一・八%となったが、これに大きく与ったのは、雇用機会を求めてカタルーニャ域外（とくにアラゴン、バレンシア、ムルシア、アルメリア）から流入する人びとの増加であった。一九一一年から三〇年の自然増は一六万人であったのに対して移入増は五四万人を超えていた。一九〇〇年にカタルーニャ域外生まれの住民の割合は四・二%であったが、三〇年には一八・二%となった。とくに工業が発展し公共事業も盛んになったバルセローナ市では、一九〇〇年から三〇年にかけて人口は倍増して、一〇〇万人を擁する大都市となり、域外出身者の割合も三四・二%にのぼっている。したがって、移入者が生活する地域では、住宅不足や衛生環境の悪化に悩まされ、就学状況も劣悪であった。カタルーニャ主義の隆盛をみるとき、こうした移民問題に対するカタルーニャ人たちの危惧を見過ごしてはならない。

この三〇年間に、カタルーニャ域内の総生産は年平均二・五%の成長率を維持し、一九三〇年には国内総生産の二一・四％を占めるにいたった。とくに第二次部門の成長は著しく、労働力人口も二七・二％から五〇・七％へとほぼ倍増した。このカタルーニャ工業化（第二次工業化）の牽引役となったのは、水力発電による電化の進展であった。一九一〇年代にいくつかの巨大ダムが建設され、その後の二〇年間にエネルギー消費は三倍となった。さらに第一次世界大戦（一九一四〜一八年）のあいだの中立による戦争特需も重なって、金属、化学、セメントなどの工業が急成長した。繊維工業はその比重を相対的に低下させたものの（一八九〇年のカタルーニャ工業生産の六七％から一九三〇年には四八％）、二〇年代には合成繊維生産を始めるなどしてカタルーニャの基幹産業の地位を維持していた。

農業もまた、比較的順調に拡大した。一九〇〇年から三〇年にかけて第一次部門の労働力人口は五五・八％から二六・六％へと半減しているが、農業生産は六〇％の増加をみている。とくに輸出農業では、アーモンド、ハシバミの実、乾燥果実などの生産が拡大した。一方、地域独自の金融システムは大きく躓いた。マドリードとビルバオの銀行がカタルーニャに進出し、二〇年にはタラーサ銀行とバルセローナ銀行が破産に追い込まれた。

ブルジョワ・カタルーニャ主義と「悲劇の一週間」

一九〇二年、九時間労働を求めた冶金労働者のストライキは経営者側の頑なな態度を前に八万人を動員するゼネストに発展した。バルセローナは一週間にわたって麻痺状態となって、政府当局は激しい弾圧で組合運動を抑え込んだ。リーガはこれを歓迎し、反労働者的政党であることを明らかにした。しかし〇五年にバルセローナ守備隊将校たちが『クークット』誌（植民地での軍事的敗北の風刺漫画を掲載）の印刷所を破壊するという事件が起こり、これを機に中央政府がスペイン国家と軍隊への批判を封じる裁判権管轄法を制定すると、カタルーニャにおいては市民的憤激が生まれた。翌年、リーガは裁判権管轄法反対とカタルーニャ主義を前面に押し出して、共和主義者や伝統主義者も結集した選挙同盟として「カタルーニャの連帯」を結成した。これは〇七年の国政選挙で、カタルーニャ地方四四議席のうち四一を獲得するという大成功を収めた。

ブルジョワ・カタルーニャ主義に反発を強めた共和主義者は、一九〇一年以来バルセローナに居を構え、その煽動的・反教権主義的演説で支持を拡大していたレルーのもとに結集した。レルーは、機関紙『進歩』をもつ急進共和党を組織して、一四年の右傾化以前はそのデマゴギーでバルセローナ・プロレタリアートのかなりの部分を惹きつけた。この現象はレルー主義と呼ばれる。

「カタルーニャの連帯」は寄り合い所帯であり、バルセローナ市文化予算やマウラ政府の地方行政法に対するリーガの伝統主義的姿勢には、連帯内の共和主義者たちも異議を唱えた。しかし、連帯を大きく揺るがし機能停止に陥れたのは、一九〇九年七月末、モロッコでの戦争への予備兵動員に反対して起こったゼネストと都市民の暴動、それに続く政府・軍隊による弾圧であった。この「悲劇の一週間」にバルセローナでは四〇あまりの修道院・教会が焼き討ちにあい、一一三人が死亡、三四一人が負傷した。マウラ政府は労働者・共和主義者の施設を封鎖して数千人を投獄したうえで、近代学校の創設者ファレーを含む五人を首謀者として処刑したが、リーガのブルジョワジーはこぞってこの弾圧を支持した。カタルーニャ愛国詩人マラガイは和解を説く「赦免の町」という記事をリーガの機関紙『カタルーニャの声』に公表しようとしたが、拒まれた。これ以後、労働運動は独自の再編を進めることになり、一〇年にはCNT（全国労働連合）が結成された。リーガの右傾化は避けられなかった。

マンクムニタットの成立と階級闘争の激化

一八三三年の県区分によって四県に分かれたカタルーニャを一つの行政単位にすることは、リーガの大きな目標であった。一九一一年のプラット・ダ・ラ・リバを議長とするバルセローナ県議会の請願は紆余曲折を経て一四年四月のマンクムニタット（カタルーニャ四県連合体）の発足につながった。その権限は地方公共事業や文化事業に限られ、予算規模もバルセローナ市予算の三分の一にすぎなかったが、首班となったプラット・ダ・ラ・リバは一七年に没するまで、公共・行政サービスのインフラ整備に向けて実効的政策を打ち出した。

すでに述べたように二十世紀に入ると言語の異なる「よそ者」労働者が、カタルーニャに大量に流入していた。この現実を前にカタルーニャ語の擁護は、カタルーニャ・ナショナリズム（この頃には、「ナショナリズム」の言葉が一般化した）にとって最大の武器になっていた。十九世紀末の漠然とした民族精神や人種主義に代わって、ルビラ・イ・ビルジーリが「言語はわが民族の深い精神的統一を維持する」と述べたように、カタルーニャの同一言語＝文化の共有が強く主張されたのである。

マンクムニタットの政策は、こうしたカタルーニャ人の「よそ者」への危機意識に巧みに訴えるものであった。ノウセンティズマ（二十世紀運動）と呼ばれたカタルーニャ語文学運動の後押しを受けて、カタルーニャ語は公共・行政の場での使用へと広がりをみせていたが、マンクムニタットはこの動きを決定的なものにした。カタルーニャ研究所、バルセローナ大学カタルーニャ語講座、カタルーニャ図書館などの設置・充実が図られ、ファブラの著した『カタルーニャ語正書法規範』（一九一三年）や『カタルーニャ語文法』（一九一八年）は、カタルーニャ語標準化運動を大きく促進した。

ところで第一次世界大戦の結果、カタルーニャ産業家が繊維・冶金産業の生産を増大させて莫大な利益を得る一方で、生活必需品の価格は大きく上昇していた。移住者の波もあって賃金抑制が続けられたために、労働者の生活は逼迫し、バルセローナの労働争議は一九一六年から急増した。一七年八月にはCNTとUGT（労働者総同盟）が全国ゼネストをおこなって、政治体制の刷新を求めたが、政府は、戒厳令布告と軍隊出動をもって応えた。一六年から反政府的姿勢をとっていたリーガとカタルーニャ・ブルジョワジーは、社会的騒乱を恐れて後退し、同年十一月に成立したガルシア・プリエト挙国一致内閣には、リーガから二名が大臣として加わった。これは、一八七五年の王政復古以降初めての二大政党以外の政党からの入閣であった。だが一年間のマドリード政府への協力はカタルーニャ自治権にとって何の成果も生まず、カタルーニャ主義者たちの不評を買った。

第一次世界大戦の終結とアメリカ合衆国大統領ウィルソンの「一四カ条」の発表は、カタルーニャ・ナショナリズムの動きを活発化させた。一九一八年十一月、リーガの党首カンボは、マンクムニタットとカタルーニャ選出国会議員の会議を主導して「カタルーニャ自治綱領」を作成させた。一方、新たなロマノネス内閣も委員会を組織して独自に「自治草案」をつくらせた。しかし一九年二月、バルセローナの治安状態悪化を理由に、これらを審議する国会は閉会となり、以後、三一年まで自治憲章は国会審議の対象とならなかった。

一九一八年から二三年にかけてバルセローナは、前世紀末よりもいっそう激しい労働争議とテロ行為に見舞われた。電力会社「ラ・カナディエンセ」でのストライキから始まって、一九年三月にはゼネストに発展したが、リーガは明らかな反カタルーニャ主義者であるカタルーニャ方面軍司令官ミランス・デル・ボッシュの協力を仰いだばかりか、カンボ自身が自警団スマテンの一員として武器を持って街頭の秩序維持にあたったのである。リーガとCNT活動家との対抗は、資本・労働双方のテロ行為へと発展し、一九年から二三年にかけてバルセローナでの銃撃犠牲者は二〇四人に上っている（うち経営主は一七人で、労働者は一六一人）。ここに、階級調和的ナショナリズムの神話は終わりを告げた。社会秩序を優先するカンボは、モロッコでの軍事的敗北（二一年のアヌアル事件）後もマウラ政府への協力を惜しまず、二二年にはカンボに批判的な勢力はリーガと袂を分かってAC（アクシオ・カタラーナ）を結成した。

一九一〇年代には、リーガの保守的傾向に対抗する左派カタルーニャ主義がしだいに組織化を進めた。一〇年にはUFNR（共和派ナショナリスト連邦連合）がつくられたが、一四年にレルーの急進党との選挙協力を執行部が決めたためにリーガは分裂し崩壊した。その後、いくつかの試みのあと一七年に、ライレット、クンパニィスらが指導するカタルーニャ共和党がつくられた。その共和主義＝カタルーニャ主義のメッセージは、王政復古体制の麻痺が進むなかで力を増した。さらに、マシアは一九年にナショナリスト民主連合を組織し、二二年にこれを「カタルーニャ国」に発展させたが、こうしたカタルーニャ独立を掲げる勢力はいまだ微力であった。

プリモ・デ・リベーラ独裁とカタルーニャ

一九二三年九月のクーデタで生まれたプリモ・デ・リベーラ軍事独裁は、地方行政の腐敗、モロッコ戦争、そして社会的暴力に終止符を打つという目的を掲げていた。銃撃テロ行為を終わらせ社会不安を抑止するものとして当初、カタルーニャ・ブルジョワジーは独裁を歓迎した。しかしプリモ・デ・リベーラは、政党と組合の活動を抑え込み、自治体に介入し、国会を閉鎖しただけではなかった。「分離主義」のカタルーニャに対する弾圧は、公共の場でのカタルーニャ語の禁止、サルダーナを踊ることの禁止[55]、民族旗の追放、合唱協会の閉鎖、大学や弁護士協会への介入、さらにはＦＣバルセローナ競技場の半年間閉鎖など文化生活全般に及んだ。さらに二五年七月にはマンクムニタットが廃止された。

独裁への反対は、さまざまな活動のなかで展開された。旗や言語の弾圧は、裁判権管轄法のとき以上の市民的憤激を招き、人びとは逆に旗や言語に集合的アイデンティティの象徴をみることになったからである。禁止にもかかわらず教区教会の聖職者のなかにはカタルーニャ語での説教を続ける者も多かった。言語弾圧に対してはスペイン知識人のなかからも批判の声が上がり、一九二四年にはオルテガ・イ・ガセーを含む著述家たち一〇〇人あまりがカタルーニャ語擁護の声明を発表した。また二七年にはマドリードの国立図書館でカタルーニャ語書物の展示がおこなわれた。

一方、マシアとその党「カタルーニャ国」の抵抗活動は大きな国際的反響を呼んだ。一九二六年のフランス国境での軍事蜂起計画は、フランス警察の妨害によって失敗したが、その後に続いたパリでの裁判は、ヨーロッパにカタルーニャ問題を知らしめるとともに、カタルーニャでのマシアの名声を高めた。

プリモ・デ・リベーラは、バルセローナ市の公共事業に力をいれ、一九二九年にはバルセローナ国際博覧会を催すなど、経済政策を通じてカタルーニャ支配層に接近しようとしたが、それには限界があった。二九年の通貨危機を経て国王アルフォンソ一三世と軍隊の信頼を失ったプリモ・デ・リベーラは、三〇年一月に辞任した。リーガのカンボが恐れていたように、七年間の弾圧を経た今、カタルーニャ・ナショナリズムの急進化は避けがたかった。

第2節　第二共和政とカタルーニャ自治憲章

カタルーニャ自治憲章の制定

軍事独裁を支持した王政の権威も失墜していた。一九三一年四月におこなわれた自治体議会選挙では全体としては王政派が王政打倒勢力に勝ったが、大都市では革命派が勝利した。カタルーニャでは自治体議席数四八八八のうち共和派が三二一九議席を得て、反王政派の圧倒的勝利となった。共和政を求める都市民衆の街頭行動を前に、国王は退位の道を選んだ。

カタルーニャでは選挙の一カ月前に分裂していた左派系ナショナリズム諸政党がＥＲＣ（カタルーニャ共和主義左翼）に集結した。バルセローナ市議会選挙ではＥＲＣとＵＳＣ（カタルーニャ社会主義連合）の連合が二五議席、リーガが一二議席、急進党とＰＳＯＥ（スペイン社会労働党）の連合が一二議席を得た。一九二三年以前の状況とは異なり、リーガが大幅に後退し、レルー主義も勢いを失って、左派ナショナリズムが大きな支持を得たのである。

四月十四日、バルセローナではまずクンパニィスが三色旗を振って「共和国」を宣言し、その少し後にマシアが「イベリア連邦に統合された国家としてのカタルーニャ共和国」を宣言した。続いて中道・左派勢力によって暫定政府が組織され、方面軍司令官、県令、バルセローナ市長が任命された。街頭では「マシア万歳、カンボに死を！」という叫びが続いた。マドリードの第二共和国暫定政府は大臣をバルセローナに派遣し、議論の末、十七日にマシアは、カタルーニャ共和国創設を諦めて「ジャナラリタット」という名称の自治州政府の設置で妥協した。カタルーニャの四県区分は廃止され、ジャナラリタットがカタルーニャ全体の行政府となった。

ただちに自治州政府で始められた自治憲章案づくりは、八月に「ヌリア憲章案」としてまとまり、住民投票で承認された。この草案は第二共和国国会での審議にかけられるが、無数の修正によって議論が長引き、カタルーニャ選出議員と、保守派・右派の反対派議員あるいは共和派知識人とが激しく対立した。しかし一九三二年八月にサンフルホ将軍がクーデタを起こして失敗すると、事態打開の機運が高まり、九月の国会で自治憲章が承認された。

この三二年自治憲章は、カタルーニャ・ナショナリストにとって念願のものであったが、ヌリア憲章案と比べて自治権の度合いはかなり下げられていた。後者が連邦モデルに則ってカタルーニャを「スペイン共和国内の自治国」としたのに対して、前者は「スペイン国家内の自治地域」と規定した。後者はカタルーニャ語を「公用語」であるとしたのに対して、前者は「カスティーリャ語（ママ）と同様に公用語」であるとして、二言語公用語化を明示した。さらに、教育権や徴税権の分野でも権限を大幅に削減している。しかも中央政府の抵抗と共和国の混乱のなかで、自治政府への権限委譲は順調に進まなかった。

三二年十一月に最初のカタルーニャ議会選挙がおこなわれて、ＥＲＣは八五議席中五七議席を占めて第一党となり、リーガは一六議席にとどまった。自治州政府首相にはマシアが選出され、三三年十二月の死去後はクンパニィスにとって代わられた。自治州政府とERCは、マンクムニタットが着手していた文化事業を本格化させ、カタルーニャ語規範の確立と普及に大きな成果をあげた。カタルーニャ語ラジオ放送が始まり、三五年にはカタルーニャ語の日刊紙は、自治州の日刊紙発行部数の一九％に達している。三〇年に三〇八点であったカタルーニャ語出版物数も三六年には八六五点となり、言語文化正常化の動きは大きく進展した。芸術面ではミロやダリが活躍し、建築面では「現代建築発展のためのカタルーニャ芸術家・技術家集団」が新たな潮流を起こしている。三三年には、先端的学術研究の拠点をめざしてバルセローナ自治大学が創設された。

一九三四年の衝突

ERCはUR（ラバサイラ同盟）を支持基盤にしており、借地農民保護の立場をとって、一九三四年四月には州議会において耕地契約法を通過させた。これは借地農民に条件付きではあったが土地所有権獲得の道を開くものであり、聖イシドロ・カタルーニャ農業委員会に結集する地主たちの猛反発を受けた。同委員会の意向を受けたリーガは同法を憲法保障裁判所に持ち込み、三三年十一月総選挙により右派が共和国政府を掌握している状況のなか、同裁判所はこれを違憲とした。社会改革とカタルーニャの自治を否定するこの決定は、カタルーニャ主義者の広汎な憤激を呼び起こすとともに、リーガのナショナリストとしての評判をいちじるしく低下させた。

一九三四年十月に急進党のレルーがCEDA（スペイン独立右翼連合）の三名を含む内閣を組閣すると、PSOEは全国蜂起を指令した。中央政府に反発するクンパニィスの自治州政府は、これに呼応して十月六日、「スペイン共和国内のカタルーニャ国（アスタット・カタラ）」を宣言して、三一年四月のマシアの行為を踏襲した。しかしCNTはこれに同調せず――すでに労働問題をめぐってERCはPSOE＝UGTに加担し、急進的なCNTと対立していた――、カタルーニャ方面軍が短時間で「地域による行き過ぎ」を押しとどめた。クンパニィスらは逮捕されて自治憲章も無期限停止となった。三五年一月に地方総監が着任すると、リーガ（三三年に「カタルーニャ連盟」に名称を変更）はこれに協力した。

一九三六年二月の総選挙は、諸政党の左右両極化のなかでおこなわれた。カタルーニャでは、急進党、CEDA、伝統主義者、リーガを結集したカタルーニャ秩序戦線と、ERCを中心にマルクス主義者も含めた左翼諸政党、UR、組合指導者を監獄から解放しようとするCNT支持者たちからなる左派戦線とに分かれた。選挙キャンペーンは激しい様相を呈したが、自治憲章の再設置、十月事件で逮捕された政治犯への恩赦、耕地契約法の施行を約束した左翼戦線が、五九％の得票を得て勝利した。スペイン全体での人民戦線の勝利は得票率では僅差であった（左翼四八％に対して右翼四六・五％）。カタルーニャの左翼戦線の方が、選挙において民意を獲得していたといえる。

実際に選挙後の数カ月は、スペイン全体と比べてカタルーニャの政治社会状況は比較的安定しており、「共和国のオアシス」と評された。自治憲章が復活し、諸制度は一九三四年十月の段階に戻されたが、それ以上の急進化はおこなわれなかった。自治州政府が合法性とともに正統性を獲得していたことは、七月のクーデタでバルセローナの治安警備隊も政府側についたことから窺える。

第3節　スペイン内戦とカタルーニャ

自治州政府の抵抗

モロッコで軍事反乱が起きた二日後の一九三六年七月十九日、バルセローナ守備隊が市中心部に向かうが、共和国を支持する治安部隊（警察、突撃警察隊、治安警備隊）によって進軍を阻まれた。ＣＮＴやＦＡＩ（イベリア・アナーキスト連盟）もこれに協力した。ゴデー将軍は降伏し、これがその他のカタルーニャ守備隊の動向も決することになった。

ただちにアナーキスト主導のもとにＣＣＭＡＦ（反ファシズム民兵隊中央委員会）がつくられ、これは形式的には自治州政府に従属したが、二カ月間にわたってヘゲモニーを握ることになった。といってもCCMAFは反ファシズム諸勢力の寄り合いであり、内戦勃発という混乱状況のなか、これを構成するCNT＝FAI（代表五人）、ERC（同三人）、UGT（同三人）、PSUC（スペイン共産党の後押しでつくられた「カタルーニャ統一社会党」、同一人）UR（同一人）、POUM（反ソ連的な「マルクス主義統一労働党」、同一人）、そしてAC（カタルーニャ・アクション、同一人）は、それぞれ独自に権力を行使した。

内戦勃発のために自治州政府は、中央政府の権限を代替する必要に迫られた。自治政府内に防衛局を創設し、軍事面で急増する歳出をまかなうためにスペイン財務省地方局とスペイン銀行支店を掌握した。さらに自治州政府は、七月にPSUCとURの代表を加えた政府を組織しようとしたが、CNT＝FAIとPOUMの反対で断念した。しかし、アナーキスト民兵隊を中心にしたアラゴン方面への攻勢が功を奏せず、無秩序的な集産化が経済的混乱をもたらすなかで、アナーキストも自治政府に関与して合法的権力を行使する必要に迫られた。九月末になると、ERC、CNT＝FAI、PSUC、POUM、ACのメンバーからなる反ファシズム統一自治政府がつくられ、CCMAFは解散した。

こうして強化された自治州政府は、経済面では、混乱に陥った生産の回復に努めた。経済評議会をつくり、十月には集産化政令を発して、工場の集産化を合法化した。これによれば一〇〇人以上の労働者をかかえる企業は集産化の対象となり、小企業の場合はこれまでの経営が尊重されるとした。しかし企業主の多くが逃亡するなかで労働者の管理下におかれる企業は多かった。一方、農業の集産化は、URとPSUCの自営農民擁護の姿勢もあってカタルーニャではほとんどおこなわれなかった。また戦争の必要から戦時工業委員会をつくり、化学工業・冶金工業をそれまでなかった軍事産業へと転換した。しかし、カタルーニャの工業生産指数は、一九三六年一月を一〇〇とすると、三七年二月には七〇、そして三八年四月には五五へと低下した。教育面では、統合新学校評議会をつくり、世俗の男女共学でカタルーニャ語を教育言語とする学校を創設しようとしたが、戦争のなかで十分な成果は上がらなかった。

自治州政府が直面したさらなる困難は、後衛における暴力であった。統治評議会と治安委員会は、革命の行き過ぎによる犠牲者を救ったり、教会の芸術遺産を守ったりするために介入することはほとんどできなかった。内戦中の暴力犠牲者は八五〇〇人にのぼった。リーガの国会議員・自治体議員は地位を剥奪されただけでなく、リーガ活動家四〇〇人が暗殺された。カンボをはじめリーガ指導者は好むと好まざるにかかわらずフランコ陣営に逃亡した。最大の犠牲者は聖職者で、六八三二人もの教区司祭や修道士が命を落としている。

諸党派の対立から敗北まで

諸党派のあいだでは、戦争に勝利するには規律を打ち立てる必要があるという主張（PSUC）と、革命を遂行することで戦争の勝利が可能になるという主張（CNT＝FAIとPOUM）が対立していた。戦争が長期化するなかでこの対立は深刻化し、一九三七年五月の「内戦のなかの内戦」へと発展した。UGTを統制しソ連の支援を受けたPSUCは内戦勃発後から急速に勢力を拡大し、三六年十二月には自治州政府からPOUMを排除した。さらに、民兵隊の規律と治安の回復に奔走し、武器の管理を強化しようとしたためにCNTとPOUMの反発を買った。三七年五月、アナーキスト委員会の統制下にあったバルセローナ電話局の建物を自治州政府治安部隊が占拠しようとすると、CNT・POUMと治安部隊・PSUCとの武力衝突となった。バルセローナ市内は数日間「内戦」状態になり、約三〇〇人の死者が出た。バレンシアの中央政府は、秩序回復のために五〇〇〇人規模の部隊をバルセローナ市に送り込んだ（五月事件）。

五月事件の結果、POUMは非合法化され、その指導者は起訴された。六月にはCNTを除いて、PSUCとERC中心の自治州政府がつくられた。しかし十月にネグリンの中央政府がバルセローナに移転すると、自治州政府の実効権力は大幅に削がれた。自治州政府に代わって中央政府が、公安に加えて生活物資補給と戦時工業部門の責を担うことになったのである。

この間に戦場は、カタルーニャへと近づいた。一九三八年三月、バルセローナ市は三日間にわたって無差別爆撃を受け一〇〇〇人以上の死者が出た。四月にフランコ軍は、町の半分を崩壊するかたちでリェイダを占拠した。あわせて、フランコはカタルーニャ自治憲章の廃止を発表した。そして十二月下旬、約三〇万の部隊をもってカタルーニャへの攻撃を開始した。三九年一月二十六日、バルセローナが陥落した。中央政府（アサーニャ、ネグリン）、自治州政府（クンパンチ）の脱出に続いて、数多くの避難者がフランス国境へと向かった。その数は四四万人に達したとされ、うちカタルーニャ人が一〇万人以上を占めていた。二月十日、「カタルーニャ占領軍」と命名されたフランコ軍はフランスとの国境に到達した。

カタルーニャにおける内戦の人的損失は七万人を上回ったと推計される。この数は、後衛での暴力犠牲者八五〇〇人、爆撃の犠牲者五〇〇〇人、共和国側前線での犠牲者四万人、反乱軍側前線での犠牲者一〇〇〇人、占領後のフランコ政府の銃殺犠牲者三八〇〇人、戦争中の窮乏による死者一万五〇〇〇人からなっている。

第6章・注

53　プラット・ダ・ラ・リバ（一八七〇〜一九一七年）は、一九〇六年には『カタルーニャ民族』を著して、カタルーニャ主義を纏め上げ、スペインが政治的・人為的「国家（アスタット）」であるのに対して、カタルーニャは自然的・歴史的共同体としての「ネイション（ナシオ）」であるとした。そして、スペイン国家が連邦的・複合的に再編されることを望んだ。さらに「カタルーニャと偉大なスペインのために」（一九一六年）という宣言にもみられるように、スペインがヨーロッパ列強に負けずに植民地帝国となることも期待していた。

54　「経済協約」は、バスク地方の地方諸特権（フエロス）を廃止する代償として同地方に与えられたもので（一八七八年）、バスク各県に一定額の分担金を課す代わりに各県に分担金徴収の方法を一任する制度であり、現在も続いている。カタルーニャ自治州は、二〇〇六年の新自治憲章にこの制度を盛り込むことを要求したが、中央政府は同意しなかった。独自の税制度の確立は、カタルーニャ自治州の課題となっている。

55　男女が手をつなぎ、輪になって踊るサルダーナは、もともとカタルーニャ北部アンプルダー地方の踊りにすぎなかった。二十世紀初めの地域ナショナリズムによる「伝統の創造」の対象となり、カタルーニャ民族の紐帯を表徴すると謳われた。プリモ・デ・リベーラ期やスペイン内戦直後の禁止が、民族の踊りという性格を強めたのである。

第7章

フランコ独裁に抗して

第1節　フランコ体制下の苦悩

内戦後の経済的停滞と抑圧

一九三九年三月末には首都マドリードも陥落させてスペイン内戦に勝利したフランコは、ドイツとイタリアにさらに接近した。だが三年間の内戦に国内は疲弊しきっており、同年九月に第二次世界大戦が勃発すると、中立を宣言せざるを得ず、翌年十月にヒトラーとの会見をフランスのアンダーイでおこなったが、参戦に踏み切るにはいたらなかった。

内戦の痛手を癒やすのにほどとおく、枢軸国側に立ったあとの国際的孤立、そしてこの間の中央政府のアウタルキーア（自己充足的経済）政策のためにカタルーニャ経済は、一九五〇年前後まで停滞を余儀なくされた。フランコ体制は、四一年に国家産業公社（ＩＮＩ）を設立して、鉱山、電力、化学工業などの基幹産業を国家統制下に置くとともに、それらの振興をカタルーニャやバスク地方とは別の地域でおこなおうとした。四四年にフランコは、「バルセローナとビスカーヤへの大規模で危険な産業集中を緩和する」必要を宣言した。五〇年にイタリアFIAT社のパテントでバルセローナにSEAT社自動車工場がつくられたときも、中央政府は最後まで別の候補地を提案した。こうした政策のなか、カタルーニャ工業は原材料の獲得や電力の不足に苦しみ、その工業指数が三〇年の水準に戻ったのは、ようやく五一年になってからであった。部門別労働力人口も、三〇年と五〇年とは同じような割合を示している。

カタルーニャでは人口の回復も遅々としていた。年平均死亡率は低下したものの出生率はそれほど上がらず、一九四〇年から四五年にかけての年平均自然増加率は一・四%と、内戦前の半分以下であった。しかし四〇年代には他地域からの流入もあって、三〇年の二七九万人から五〇年には三二四万人に増加している。ちなみにこの後のカタルーニャ経済拡大のなかで自然増も上向き、移入増が大幅に増えるため、七五年には五六六万人となる。五〇年代までは緩慢な人口増加であったが、とくにバルセローナ市では闇市で大儲けする一握りの者と、低賃金と劣悪な住居で暮らす労働者たちとの生活格差には目を覆うものがあった。同市にはバラックが六万軒も並んでいたとされ、六二年の洪水の大被害も都市周辺部の劣悪な居住環境によるものであった。

内戦後のカタルーニャにおけるフランコ体制による抑圧も凄まじかった。一九三九年から五三年までに三五八五人が軍法会議にかけられて銃殺されたが、その九五%は四三年までにおこなわれた。フランスでゲシュタポに捕らえられてモンジュイックで銃殺されたクンパニィスもその一人であった。四二年、カタルーニャの刑務所には一万四五〇〇人が収容されており、バルセローナのモデーロ監獄では四一年から翌年にかけて二二・五%もの囚人が死亡している。さらに公務員や学校教師への粛清もはなはだしく、教師の六人に一人が資格を剥奪された。バルセローナ大学では一三九人の教員が追放され、学生たちは極右政党ファランへの指導するSEU(スペイン大学生組合)に強制加入させられた。

しかしもっとも顕著な弾圧は、カタルーニャ語とカタルーニャ・アイデンティティの表徴(民族旗、民族歌、文化サークル、サルダーナなど)に対してなされた。フランコ体制にとって、スペイン全体に対しては民主主義の抑圧で事足りたが、カタルーニャに対しては十九世紀末から築かれていた地域の集団的アイデンティティを抹殺することが必要だったからである。占領後ただちに街角に、「愛国者ならスペイン語で話せ！」「帝国の言葉を話せ！」といったポスターが貼られたばかりか、一九四〇年七月の政令によって職場でカタルーニャ語を使用する公務員や教師を解雇する旨が通告された。自治体名、道路・広場名などの固有名詞はすべてスペイン語に変えられ、戸籍簿へのカタルーニャ語名での登録も禁止された。四五年まではカタルーニャ語での出版は一切禁じられた。

しかし第二次世界大戦で枢軸国が敗北するとファシズム色を薄めるためにフランコ体制は、カタルーニャ語＝文化への弾圧姿勢を少しずつだが緩める方向に転じた。それは文学作品から始まって学術書、翻訳書へと広がったが、内容への事前検閲は続いていた。カタルーニャ語出版物の数が内戦前の一九三六年（八六五点）の水準に戻るのは、フランコ死後のことである。

なおカタルーニャへのスペイン語地域からの移入は一九五〇年代から六〇年代にかけて

急増するが、フランコ体制はこうした移民がカタルーニャ・アイデンティティの解消につながると期待していたと思われる。六八年の情報観光省報告書には「工業発展のリズムと出生率の違いに合わせて、下からの漸進的で途絶えることのないカスティーリャ化」が実現されていると述べられている。

反フランコ体制の動き

カタルーニャの政治指導者の多くはフランスに亡命したが、一九四〇年に同国がナチの侵略にあうと分散を余儀なくされた。クンパニィス亡きあとはイルラが亡命自治州政府首相となり、四五年には解放後のパリに数名の名士政府を組織したが、ERC（カタルーニャ共和主義左翼）の内部分裂もあって四八年に実際的活動を停止した。五四年にはタラデーリャスがメキシコに置かれた亡命共和国政府大使館で新たに自治州政府首相に選出されたが、もはや政府を組織することもなく、いわば象徴としてフランスでその地位を保持した。一方、四〇年七月、イギリスに亡命していたグループがカタルーニャ民族評議会を結成した。同評議会は、独立主義的傾向をもって連合諸国の支持を得ようと努め、さらに四五年四月には国際連合に「カタルーニャの案件」という文書を送って「民族解放」を訴えたが、国際的支持を広げることはできず、パリに名士政府ができると解散した。

フランスに逃れたカタルーニャ人のなかには、反ナチ抵抗運動に参加して、ナチに捕らえられて強制収容所で命を落とす者もいた。第二次世界大戦末期には、国境沿いのフランスからフランコ体制の崩壊を期待してゲリラ（マキ）闘争をおこなう者も現れた。一九四四年十月にはスペイン共産党が三〇〇〇人の部隊によるアラン渓谷侵入を組織したが、失敗した。五三年までにゲリラ兵のうち二四三人が死亡し、二七一人が負傷し、一二五一人が逮捕された。共産党は四八年に、アナーキストは五二年にマキの戦いを放棄したが、その後も散発的活動は続き、最後のカタルーニャのマキであるカラクレマーダが射殺されたのは六三年であった。

内戦直後、カタルーニャ内部でも古くからの政治活動家によって、カタルーニャ民族戦線（一九三九年）、カタルーニャ社会主義運動（四五年）などの抵抗組織がつくられたが、フランコ警察組織の弾圧のなかで影響力を広げるのは困難であった。既存の政党のなかで非合法活動で組織を維持したのは、キリスト教民主主義のUDC（カタルーニャ民主連合、一九三一年に設立）とスペイン共産党につながるPSUC（カタルーニャ統一社会党）であった。PSUCの内部対立は激しかったが、五〇年代以後、とくに移民労働者のなかに支持を見出だした。内戦以前に大きな力をもっていたERCは、激しく分裂しその影響力をほとんど失った。

フランコ独裁という厳しい制約のなかで、三年にわたる悲惨な内戦の記憶を残す人びとが、前述のような武装闘争や古い政治活動に同調することは難しかった。人びとは、固有のアイデンティティが消されようとするなかで、逆に言語＝文化の同一性を確認しあい、そのことで連帯の絆を深めていったと思われる。それは言語と歴史的記憶にもとづいた対抗アイデンティティであったといってもよいだろう。フランコがナショナルカトリシズム（国民カトリック）を掲げていたため、そうした表明が比較的自由に許された空間が、カトリック教会とそれにまつわる行事であった。「よそ者」の高位聖職者（カタルーニャ司教の三分の二はカタルーニャ人ではなかった）は別にして、民衆と日常的に接する教区司祭たちのなかにはカタルーニャ語での説教や教理問答をただちに再開する者もいた。

一九四七年、カタルーニャの守護聖人とされるムンサラット（モンセラット）修道院での聖母マリアの「即位」祝祭は、伝統的色彩のなかでのカタルーニャ・アイデンティティの表明の場となった。六万人の信者を前にカタルーニャ語での説教がおこなわれ、大岩の上には違法にもカタルーニャの旗が高々と掲げられたのであった。フランコ政府は五三年に教皇庁とコンコルダート（政教協約）を調印して国際社会復帰への大きな足がかりとしたが、これはファランヘ以外の青年組織を教会が支援することを可能にする協約でもあった。このためＪＯＣ（カトリック労働青年団）の活動が広がりをみせ、ここから新たな労働運動指導者が巣立つことになった。

生活環境の悪さに市民は不満を抱いていたが、バルセローナで路面電車料金の四割もの値上げが発表されると、一九五〇年三月、市民の電車ボイコットに発展した。この自然発生的抗議運動を前に中央政府は値上げ撤回を指示し、バルセローナ市長と県知事を更迭した。その後五六年には、引き続く物価高騰への不満から繊維・金属・機械の労働者を中心にストライキが広がった。事態への対処から中央政府は労働関係の規制を緩和して、五八年には団体労働契約法を承認して、労働条件の決定を労資の協議に委ねることにした。こうした緩和措置と平行して当局は、五八年から五九年にかけて一〇〇〇人以上の組合活動家を逮捕して一五年以上の禁固刑を科すなど激しい弾圧をおこなった。

また、一九五〇年代になるとバルセローナ大学内には、カトリック的・保守的であると同時にカタルーニャの独自性を擁護するグループが生まれた。プジョルもそこに含まれていた。彼は、「キリスト・カタルーニャ」グループの主要メンバーとなり、五九年、スペイン偏重的な『ラ・バングアルディア』紙の主幹ガリンソーガがカタルーニャ語でのミサを侮辱すると、反ガリンソーガのキャンペーンの先頭に立った。さらに六〇年、カタルーニャの詩人マラガイの生誕一〇〇年コンサートが開かれた際、内戦後は禁じられていたマラガイの「旗の歌」を歌って治安当局に逮捕された。六二年に釈放されたプジョルは、企業家として活躍する一方、カタルーニャ主義を掲げて文化活動に力を注いだ。彼は、八〇年に自治州政府首相となって、カタルーニャの言語＝文化の復権に大きく貢献する。

第2節 独裁体制からの脱却

急速な経済成長

一九六〇年代から七〇年代初頭にかけてカタルーニャは、急速な経済成長を経験した。カタルーニャの域内総生産は、外国資本の投資や観光客の増加が重なって、六〇年から七三年まで、日本に次ぐ年率八％の高い伸びを示している。労働力人口の構造も大きく変化し、六〇年の第一次部門一六・二％、第二次部門五五・九％、第三次部門二七・九％から、七五年には第一次部門六・四％、第二次部門五一・四％、第三次部門四二・一％となり、この間の観光業と関連サービス業・商業、金融業の発展を反映して、第三次部門の割合がいちじるしく大きくなっている。農業は機械化によって生産性を高めたが、就業者の数は減り、カタルーニャ域内総生産に占める割合も六〇年の一〇・〇％から七五年には三・九％となっている。第二次部門の就業者数は相対的に低下したが、六〇年から七五年にかけて工業生産指数は二・六倍となり、繊維業が比重を低下させる一方、金属、化学、建設が大きく伸びた。

こうした経済成長を支える労働力人口は一九六〇年代に三四％増加しているが（スペイン全体は一四・七％）、それは自然増をはるかに上回る移入者の増加によるものだ。六〇年から七五年にかけて九五万人もがカタルーニャに流入した。しかもその多くは、経済成長のなかで農業が後退して移住者送り出し地域となったアンダルシーアからであった。七〇年にはカタルーニャ生まれでない人びとが三七・六％に達しており、文化的・言語的に異質なブルーカラーを主体とするコミュニティがバルセローナ周辺の工業地帯の町々に形成された。

一九七〇年のアンケート調査によれば、カタルーニャ居住者の五六％しか地域固有言語であるカタルーニャ語を第一言語としていなかった。しかし、その九七％は自分の子どもがカタルーニャ語を話すことを望んでいる。すでにカタルーニャ語を話すことは、カタルーニャで暮らして社会的上昇を遂げるために必要であると移入者には認識されていたと考えられる。フランコ体制の抑圧に対する闘いは、対抗文化としてのカタルーニャ語＝文化の復権の運動と絡み合いながら進められていった。

反体制運動の高まり

一九五九年にムンサラット修道院の支援で『セラ・ドル』誌の刊行が始まったが、これは本格的なカタルーニャ語での文化雑誌となった。六一年には「十六人の判事」というグループが現れて、「新しい歌（ノバ・カンソ）」というカタルーニャ文化復権を謳う歌の広まりの先鞭をつけた。[56]同じ年、バルセローナ大学でカタルーニャ言語・文学の教育が始まり、カタルーニャ語教育への関心が高まっていった。『カタルーニャ語文法』を著したファブラ生誕一〇〇周年にあたる六八年には「民衆の言語を！」というキャンペーンが、さらに七〇年には「学校にカタルーニャ語を！」というキャンペーンが繰り広げられて、人びとの関心をいっそう高めた。六一年にカタルーニャ人企業家によって組織された「文化オムニウム（文化競技体）」は文化活動への後援を広げていき、六三年から六七年まで受けた閉鎖措置にもかかわらず活動は続けられ、七〇年には八〇〇〇人、七五年には二万人の会員を擁して、カタルーニャ語普及を進めた。五八年につくられた経済クラブ（シルクロ・デ・エコノミア）はかならずしもカタルーニャ主義ではなかったが、サラットやリュックなど後に活躍する経済人・経済学者を鍛錬する場となった。

一九六〇年代には聖職者たちの反独裁の役割はいっそう大きくなった。第二回ヴァティカン公会議（六二〜六五年）を契機に教会が独裁と距離を置くようになったことは、そうした聖職者たちを勇気づけた。六三年十一月、ムンサラット修道院長アスカレはフランスの『ル・モンド』紙にフランコ独裁非難の記事を載せたために亡命を余儀なくされた。六六年三月には、カプチン会のサリア修道院でバルセローナ大学学生民主組合が結成されて、「我われはカタルーニャ人司教を欲する！」というキャンペーンがおこなわれた。同年六月には政治的理由の逮捕者におこなわれる拷問に抗議して一三〇人の聖職者が示威運動をおこなった。これは官憲によって蹴散らされたが、カタルーニャ社会に大きな反響を呼んだ。

一九六〇年代になると、労働争議も盛んになった。六二年春のストライキは警察の激しい弾圧にあい、前年密かにつくられたＦＯＣ（カタルーニャ労働戦線）は大打撃を受けたが、その後勢力を盛り返した。のちにカタルーニャ社会党員でバルセローナ市長、さらに自治州政府首相となるマラガイは、この組織から巣立っている。六四年には、諸勢力を糾合した新たな組合組織としてＣＣＯＯ（労働者委員会）が誕生し、まもなくしてキリスト教系のＵＳＯ（労働組合連合）もつくられた。ＣＣＯＯは、七〇年代前半まで大きく勢力を伸ばして、フランコ体制の「垂直組合」を内側から瓦解させた。

一九六〇年代に政治諸勢力は対立や分裂を繰り返したが、カタルーニャ自治権の獲得と民主化実現の要求とが重なり合う状況のなかで、七〇年代に入ると、まずもって一九三二年自治憲章の復活がカタルーニャにとって不可欠の課題と認識された。七一年には、反体制派を結集した「カタルーニャ会議」がつくられて、「自由、恩赦、自治憲章（Llibertat, Amnistia i Estatut d'Autonomia）」がスローガンとして採択され、独裁に対するスペインの諸民族（プェブロス）の共同行動が確認された。

フランコ体制末期には、政治と経済の危機が進行し、フランコ亡きあとは体制の存続が困難なことを予想させた。一九七〇年、ブルゴス裁判でＥＴＡ（バスク祖国と自由）活動家への死刑判決が出されると、カタルーニャの知識人・芸術家約三〇〇人がムンサラット修道院に閉じこもってこれに抗議した。七四年のアナーキスト活動家プチ・アンティクの処刑はさらに大きな世論の反発を招いた。体制はすでに多くの人びとから見放され、軍隊内部にも民主軍事連合という組織がバルセローナでつくられた。七五年にもテロ活動家への弾圧は続くが、モロッコとのサハラ領有問題が深刻化するなかでフランコは同年十一月に死去した。

労働争議はさらに増えて、一九七一年のＳＥＡＴ社争議は内戦後もっとも激しいものとなった。七三年末の第一次石油危機の結果、石油依存率の高かったカタルーニャ経済は急速に失速し、企業の縮小・倒産によって七一年の失業者数三万人が七五年には七万八〇〇〇人へと増加した。物価の上昇も、七四年に一五・七%、七五年には一七・〇%に達した。

第7章・注

56 カタルーニャ語でさまざまに自由を謳う「新しい歌」運動は、リュイス・リャック、ライモン、マリア・ダル・マル・ブネットらを輩出して、一九六〇年代に人気を博し、カタルーニャ文化の復権に大きく寄与した。また、バレンシア、マジョルカ出身の歌手も出て、「カタルーニャ語圏」の一体性も高まった。

第8章

ポスト・フランコの時代

第1節　民主化と自治憲章の獲得

一九七九年自治憲章の制定

フランコ後、一九七五年十二月に再任されたアリアス首相は、限定的な改革で体制を維持しようとした。カタルーニャに対しては、バルセローナ県議会議長サマランク（のちのIOC会長）らを利用して一四年のマンクムニタット程度の権限を付与したカタルーニャ総評議会の設立で混乱を乗り切ろうとした。しかし、七五年十一月にカタルーニャ諸政党を結集して成立した「カタルーニャ政治勢力評議会」はこれを拒否し、七六年の九月十一日（カタルーニャ民族の日）には、自治憲章を求める内戦後初めての大規模集会がサン・ボイ・ダ・リュブラガットでもたれた。翌年の九月十一日にはバルセローナで、移入者たちも加えて参加者がじつに一〇〇万人を超える集会が開かれ、「自由、恩赦、自治憲章

(Llibertat, Amnistia i Estatut d'Autonomia)」の実現が強く叫ばれた。こうした圧力をまえにアリアスに代わって首相となったスアレスは、まず自治政府の復活を急ぐことにした。

一九七七年六月には三六年以来初めての民主的総選挙が実施され、スアレス率いるUCD(民主中道連合)が第一党、PSOE(スペイン社会労働党)が第二党で他を引き離したが、カタルーニャではPSC(カタルーニャ社会党)が二八%の得票率をあげ、次いでPSUC(カタルーニャ統一社会党)が一八%、CDC(プジョルとロカを支持する「カタルーニャ民衆集中」グループで、七九年にCiU「集中と統一」という保守中道ナショナリズム政党に発展)が一七%、UCDが一七%を得るなど、社会党・共産党系が五割近くを占める一方、全国政党ではないカタルーニャ諸政党が四分の三の票を集め、自治問題の解決が避けて通れないことを認識させた。なお、フランコ主義を継承しようとした国民同盟は三%の得票率しか得られず、ERC(カタルーニャ共和主義左翼)も四%にとどまった。

一九七七年十月、亡命先から暫定自治州政府(ジャナラリタット)首相としてバルセローナに戻ったタラデーリャスは、PSC、PSUC、CDC、UCDの代表からなる政府を組織した。七八年夏には、カタルーニャ選出国会議員の二〇人委員会をつくり、自治憲章作成作業を委任した。この「サウ憲章案」は、七八年十二月、自治州規定を盛り込んだスペイン憲法の国民投票による承認のあと、カタルーニャ国会議員集会で承認され、国会の審議へと回された。しかし三二年の自治憲章の場合と同じく権限の削減された自治憲章がつくられて、七九年十月にカタルーニャの住民投票で承認された。圧倒的多数の賛成を受けたものの投票率は六〇%を下回っていた。この憲章ではカタルーニャに、「自治地域」ではなく「民族体（ナシオナリタット）」の名称が与えられ、三二年の自治憲章から一歩進んだ。カタルーニャ語は「カタルーニャの固有言語」と明記されて自治州公用語と定められ、州政府は教育、文化、言語、情報通信の分野で広範な権限をもつにいたった。しかし、治安や司法に関する権限は狭められ、自治体予算にも限りがあった。スペイン語も依然として自治州公用語とされ、バスク地方のような徴税権に関する経済協約は実現しなかったことなど、「民族自決」の立場からは権限が不十分なものとされた。この後も中央政府との摩擦が続き、二〇〇六年にあらためてより権限を強めた自治憲章がつくられることになる。

一九八〇年の第一回カタルーニャ議会選挙では、ＣｉＵ（集中と統一）が二七％の得票率で第一党となり、ＰＳＣの二二％、ＰＳＵＣの一八％がこれに続いた。この結果、ＣｉＵのプジョルが州政府首相となり、以後、九五年の第五回選挙まではＣｉＵが四割以上の票を獲得して優位を保った。一方、国政選挙に関してカタルーニャでは、ＰＳＣがＣｉＵを上回るという状況が続いており、バルセローナなどの大都市の自治体選挙でも同様であった。いずれにしろ、民主化以後のカタルーニャは、プジョルという強力な個性をもったナショナリストのリーダーシップのもとで歩んでいくことになった。

急成長モデルの終焉

域内総生産は、一九六〇年から七三年まで年平均八％の伸びを示していたのに対して、七三年から七八年には二・七％となり、七九年から八五年にはわずかに〇・七％にとどまった。七九年の第二次石油危機によって繊維・金属・電化製品・建設は大きく低迷し、八二年にはカタルーニャ銀行が倒産した。八四年の労働力人口をみると、第二次部門は四五%を割り込み、代わりに第三次部門が約半分を占めるにいたっている。失業率も七九年の八・九%から八五年には二二・八%とスペイン全国平均をも上回る高い数字となった。

長引く経済不況は、ライフスタイルの変化と重なって、人口動態に大きく反映した。七一年から七五年の年平均出生率は二〇%であったのが、八六年から九〇年には九・六%に減った。そして自然増加は、前者の期間の一一・七%から後者ではわずかに一・五%へと落ち込んだ。経済動向の変化を直接的に受けたのは移入者の数であった。第一次石油危機以後にそれは急減したが、八一年から八五年には流出者の数が七万二九〇〇人も上回っている。したがってカタルーニャの人口は、七五年の五六六万が、八一年には五九五万、八六年には五九七万、そして九一年には六〇五万と、八〇年代にはごくわずかの増加しかみられなかった。

自治州政府の言語正常化政策

経済的困難のなかで州政府首相となったプジョルは、自治憲章に定められた権限委譲を中央政府に強く促す一方で（一九八二年までに八割を達成）、高速道路網の拡充などインフラ整備に力を注ぎ、公共サービスの充実に努めた。また外国資本の投資を奨励し、八五年には緊急再工業化地帯を設けて、経済の再活性化を実現しようとした。

だが州政府がもっとも力を入れて成功したのは、文化政策であった。少しずつカタルーニャ語の復権がおこなわれていたが、フランコ体制期の抑圧と国内移民の増加によって八一年になっても、カタルーニャ語を理解しない人が二〇・二%、会話のできない人が四六・九%もいた。プジョルは「民族をつくる、カタルーニャをつくる（Fer poble, fer Catalunya）」という言葉を好み、カタルーニャは言語＝文化的一体性を取り戻し保持しなければならないとし、そのためには「出自、状況、素性」とはかかわりなくすべてのカタルーニャ住民が「カタルーニャ民族」たる要件としてカタルーニャ語を修得しなければならないと考えたのである。

このような言語＝文化的同化論を基盤にして、一九八三年には「全領域においてカタルーニャ語使用の正常化を促し、（スペイン語と比べての）現在の言語的不平等を克服する」

目的で言語正常化法が制定された。国家公用語であるスペイン語の文化的・経済的圧力のために地域固有言語の社会的機能が限定されてしまう現状で、固有言語を擁護するには行政による言語政策が不可欠であるというのがおもな論拠であった。教育現場での「(カタルーニャ語の)イマージョン教育」政策の効果は大きかった。八六年にカタルーニャ語を理解しない人は九・七%、九六年には五・〇%に減少し、会話のできない人は同じく三六・〇%から二四・七%に減少した。しかし、スペイン語を母語とする住民のあいだからは反発もおこり、スペインの全国政党からはカタルーニャ語擁護がスペイン語規制につながることに非難の声があがった。言語正常化法は憲法裁判所の違憲審査にもちこまれたが、九四年に合憲とされた。さらに州政府は、九八年一月に言語正常化法を強化した言語政策法を施行したが、特定の「言語規範」によって地域言語使用を義務化し、違反者には罰則を適用することには反対の声も大きく、この点では法案修正を余儀なくされた。

経済の回復と新たな移民問題

一九八五年から世界経済の基調に合わせてカタルーニャの経済も回復に転じた。翌年のEC（ヨーロッパ共同体、現EU〈ヨーロッパ連合〉）加盟はスペインへの外国投資を盛んにさせたが、経済基盤の整っているカタルーニャへの投資がその三分の一を占めた（日本、アメリカ合衆国、ドイツ、オランダ、フランスなど）。そのことは同時にカタルーニャ産業の多国籍企業への依存を大きく高めることになった。経済成長のいわば花形であったSEAT社のドイツ・フォルクスワーゲン社による買収はこのことを象徴した。不況からの脱出とはいえPSOE（スペイン社会労働党）政権の進めた「産業の構造調整」策は多くの企業の閉鎖につながったし、EC加盟に伴う経済近代化措置も、ハシバミの実栽培など低生産性農業の切り捨てを伴った。八八年十二月にはPSOE政権の賃金抑制と雇用規制緩和政策への反発から、UGT（労働者総同盟）とCCOO（労働者委員会）のゼネストがカタルーニャでもおこなわれた。

カタルーニャの域内総生産は一九七〇年代の停滞から増加に転じて、八五年から九八年にかけては年平均三・一％となった。九二年のバルセローナ・オリンピック開催は、同市の都市整備に大きく寄与し、カタルーニャのイメージを全世界に広めることにつながった。だが期待されたほどの経済効果はもたらさず、九二年以後はふたたび失業者が増大し、九四年には二一％にも達した。しかし九六年以後、経済は回復基調に入り、二〇〇〇年には失業率は一〇％を切っている。この間、カタルーニャ経済のＥＵ諸国との結びつきはさらなる深まりをみせ、カタルーニャの輸出入の約七割を占めている。

国内他地域からの移入者に代わって、一九九〇年代に入るとＥＵ以外の諸国からの移民が増えていった。不法滞在者（シン・パペレス）を除いた外国人居留者数は、九七年から二〇〇三年にかけて人口の三％から六％へと倍加して約四〇万人に上っている。うちモロッコ人は三〇・〇％、次いでエクアドル人六・〇％、ペルー人四・六％であるが、彼らの多くはかつての国内移入者に代わって低賃金労働者層を構成している。州政府は、彼らのコミュニティのゲットー化を放置する多文化並存主義（ムルティクルトゥラリタット）政策ではなく、カタルーニャ社会への同化をめざした多文化交流（インテルクルトゥラリタット）政策を掲げているが、実現のための課題は大きい。

プジョル州首相の自治権拡大戦略

一九八二年七月にスペイン政府が制定したLOAPA（自治プロセス調整組織法）は、カタルーニャやバスク地方といった歴史的自治州だけでなく、新たにつくられる自治州にも前者にそれほど劣らない権限を与えることを可能にした。八三年二月までに一七の自治州が成立し、スペインはこれらの自治州からなる「自治州国家」となった。この結果、自治権が民族的権利の保障であるのか、行政的な地方分権化であるのか、曖昧となった。[57] これに対してカタルーニャでは、「言語・文化・カタルーニャ民族擁護の連帯の叫び」という団体が運動を強めるなどナショナリズム的反発が強まった。CiUのプジョルは、民族地域（ナシオナリダー）は他の諸地域よりも広汎な自治権をもつべきだとする主張を掲げて、ナショナリスト的抗議の先頭に立った。一方、LOAPAに同調したPSOEにつながるPSCは、そのイメージを悪化させた。

一九八〇年代には中央政府のゴンサレス首相と自治州政府首相プジョルとが自治権をめぐり対立する構図が続いたが、ＰＳＯＥが九三年総選挙で過半数を割ると、ＣｉＵは閣外協力をおこなうことにした。プジョルは、スペインの不安定な政局を利用して自治権拡大を実現しようとしたのである。しかし十分な成果をあげない中央政府との協力はＣｉＵの党内対立を引き起こし、九五年カタルーニャ議会選挙では得票率を大幅に減らした。プジョルは同年末にＰＳＯＥとの協力を打ち切った。

九六年総選挙では、保守の少数党であったＡＰ（国民同盟）を中道政党ＰＰ（国民党）へと変えたアスナール党首が勝利して、一四年にわたるＰＳＯＥ長期政権に終止符を打った。しかし単独過半数にはいたらず、プジョルのＣｉＵに閣外協力を求めざるを得なかった。協力と引き換えにプジョルは、国庫から州に還元される所得税の割合を一五％から三〇％にするなどの措置を勝ち取った。しかし景気が回復するなか二〇〇〇年の総選挙で過半数を獲得したアスナール政権は、ＣｉＵの協力を必要としなくなったばかりか、スペイン・ナショナリズムの姿勢を強めて「民族体」と称される歴史的自治州との間にさまざまな摩擦を引き起こした。だが、〇四年三月の総選挙では、スペイン軍のイラク派遣が争点になるなかマドリードの列車爆破テロが起こり、PSOEに敗北を喫した。八年ぶりに政権に復帰したPSOEのサパテーロ首相は、PPの歴史的自治州との敵対的路線を修正し、あらためて国家と諸地域の関係の構築に努めることになった。

新自治憲章と「ネイション」の宣言

カタルーニャではプジョルの中央政府との関係の躓きへの批判が生まれ、一九八〇年以来の長期政権の弊害も生じるなか、九九年のカタルーニャ議会選挙ではかろうじてCiUがPSCの議席を上回って政権を維持したが、二〇〇三年の選挙ではCiUとPSCがともに議席を減らしながら拮抗するなかでPP、ERC、そしてPSUCを継承するICV(カタルーニャのためのイニシアティブ/緑の党)がそれぞれにキャスティングボードを握るという複雑な関係になった。最終的にはPSC、ERC、ICVの連立となり、PSCのマラガイが新たな州政府首相に選ばれた。

「不均整な連邦主義」、すなわちプジョルと同じく多民族国家内の民族体の権限強化をめざすマラガイは、サパテーロ首相との友好な関係を利用して、年来の課題であった自治憲章の改定を進めることになった。二〇〇五年九月、カタルーニャ州議会は自治憲章改革案を、ＰＰを除く全政党の賛成で承認した。ＰＰは同改革案にカタルーニャを「ナシオ（ネイション）」と位置づける条項があることに猛反発し、国会に付託された審議のなかでもこれが大論争を生んだ。結局、州政府側は譲歩して、「ネイション」を拘束力のない前文に移し、バスク地方のような独自の徴税権は諦めて、代わりに国庫配分率を高めることで妥協した。新たな自治憲章は、ＰＰのほかに州議会案の修正を弱腰とするＥＲＣが反対に回ったが、国会下院・上院を通過して、〇六年六月の州住民投票で承認された。

こうしてカタルーニャ自治州は、憲法上の民族体の規定を維持しつつ（第一条）、「カタルーニャ議会はカタルーニャをナシオ（ネイション）と定義する」という前文をもつ自治憲章のもとで、新たな歩みを始めることになった。[58]

第2節 プロセス戦略の先鋭化と独立の夢

新自治憲章への部分的違憲判決

新自治憲章の制定に漕ぎつけたマラガイは再選を望まず、二〇〇六年十一月の州議会選挙にはホセ・モンティーリャがPSCの指導者として臨んだ。引き続き左派三党の連立が維持されて、モンティーリャは初めての国内移入者出身の首相となったが、難しい舵取りを迫られた。新自治憲章に対しては、PPなどが憲法裁判所に違憲の申し立てをおこなったが、〇九年十一月二十六日にはカタルーニャの一二の日刊紙が「カタルーニャの威信(La dignitat de Catalunya)」と題する共同社説を発表するなど、新自治憲章への干渉に警戒の声があがっていた。しかし一〇年六月二十八日にその一部を違憲とする判決が下されて、カタルーニャでは中央政府に対する反発が一挙に広がった。

新自治憲章は、さまざまな妥協の産物であったが、ほぼカタルーニャの諸政党の総意として練り上げられ洲住民投票で承認されたものであった。しかし、憲法裁判所は、カタルーニャ語の使用、財政・司法・域内行政の独自性などの強化をめざした一四の条項を違憲であると判断した。この判決は、字義どおりに現行憲法（一九七八年憲法）に基づいたものであったが、この間のカタルーニャの社会状況の変化を汲み取ったものではなかった。公行政と公的メディアの場でカタルーニャ語が「通常の優先的使用の言語」であるという条項表現から「優先的」を削ったことは、四半世紀にわたって言語正常化を推進してきた人びとの心情をいたく傷つけた。

「文化オムニウム」が組織した二〇一〇年七月十日の州都バルセローナでの示威行動は、地元警察の発表でも一一〇万人が参加する大規模なものになった。これは、一九七七年九月十一日の「自由、恩赦、自治憲章」をスローガンにカタルーニャ自治権の回復を求めた示威行動の参加者数をしのぐものであった。注目すべきはそのスローガンで、「私たちはナシオ（ネイション）だ。決めるのは私たちだ（Som una nació. Nosaltres decidim.）」というものでした。中央政府の干渉を強く非難するものであった。

しかし中央政府のサパテーロ首相は、二〇〇八年のリーマンショックの影響で経済危機が深刻化するなか、危機に対応するための労働市場改革に忙殺されて、カタルーニャの問題に適切に対処することができなかった。カタルーニャ州では、左右を問わずナショナリスト的政党が勢力を拡大していき、一〇年十一月の州議会選挙では保守党ＣｉＵが勝利して、その党首アルトゥル・マスが州首相となった。

下からの分離独立主義運動

先述の二〇一九年の世論調査センターの調査には（注15を参照）、カタルーニャは「スペインの一地域」「スペインの一自治州」「連邦国家スペイン内の一つの国」「一つの独立国家」の四択のいずれであるべきかを問う二〇〇六年から一九年にかけての経年意識調査の項目がある（質問12）。それによれば、一〇年以前は独立国家を望む声は二割に満たなかったが、一〇年十月には二五・二％になっていた。しかしいまだ四分の一の人びとしか分離

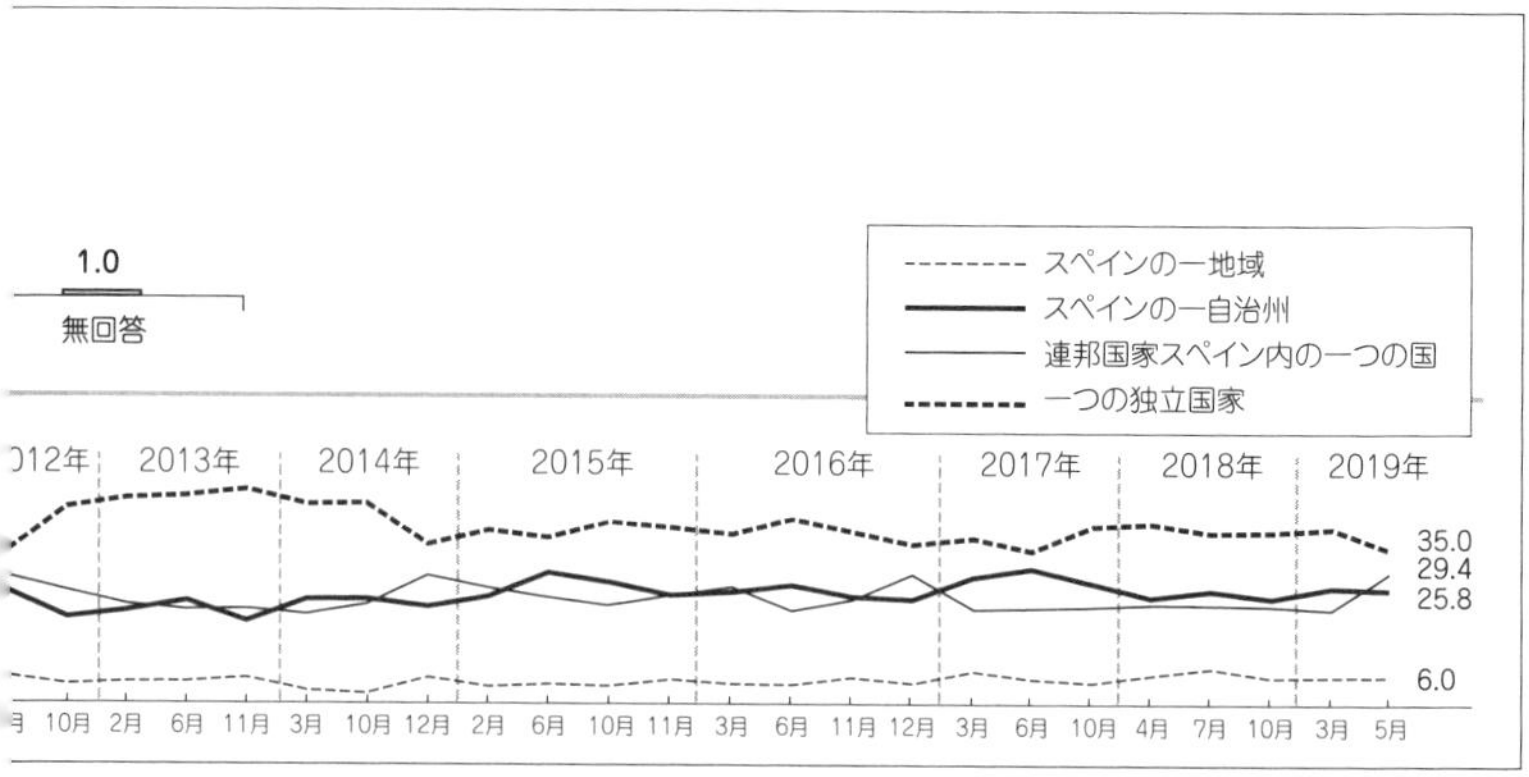

独立を意識の組上にのせていなかったことに注意したい。それが一一年から一三年にかけて急増し、一三年十一月には四八・五％までになったのである。その後はほぼ三五・〇％と四〇・〇％のあいだを前後して、一九年五月には三五・〇％である。

この時期の世論の変化は、端的にいうと、この間の保守系ＣｉＵと左派系ＥＲＣの両者の「独立プロセス」開始に向けての政治戦略――被害者主義に立って独立の夢を喧伝すること――が大きく功を奏したものといえるであろう。

ただ、その前提として、急進的ナショナリスト市民団体による長年のカタルーニャ語擁護の活動、そして二〇〇〇年代に入っての、市民団体の側か

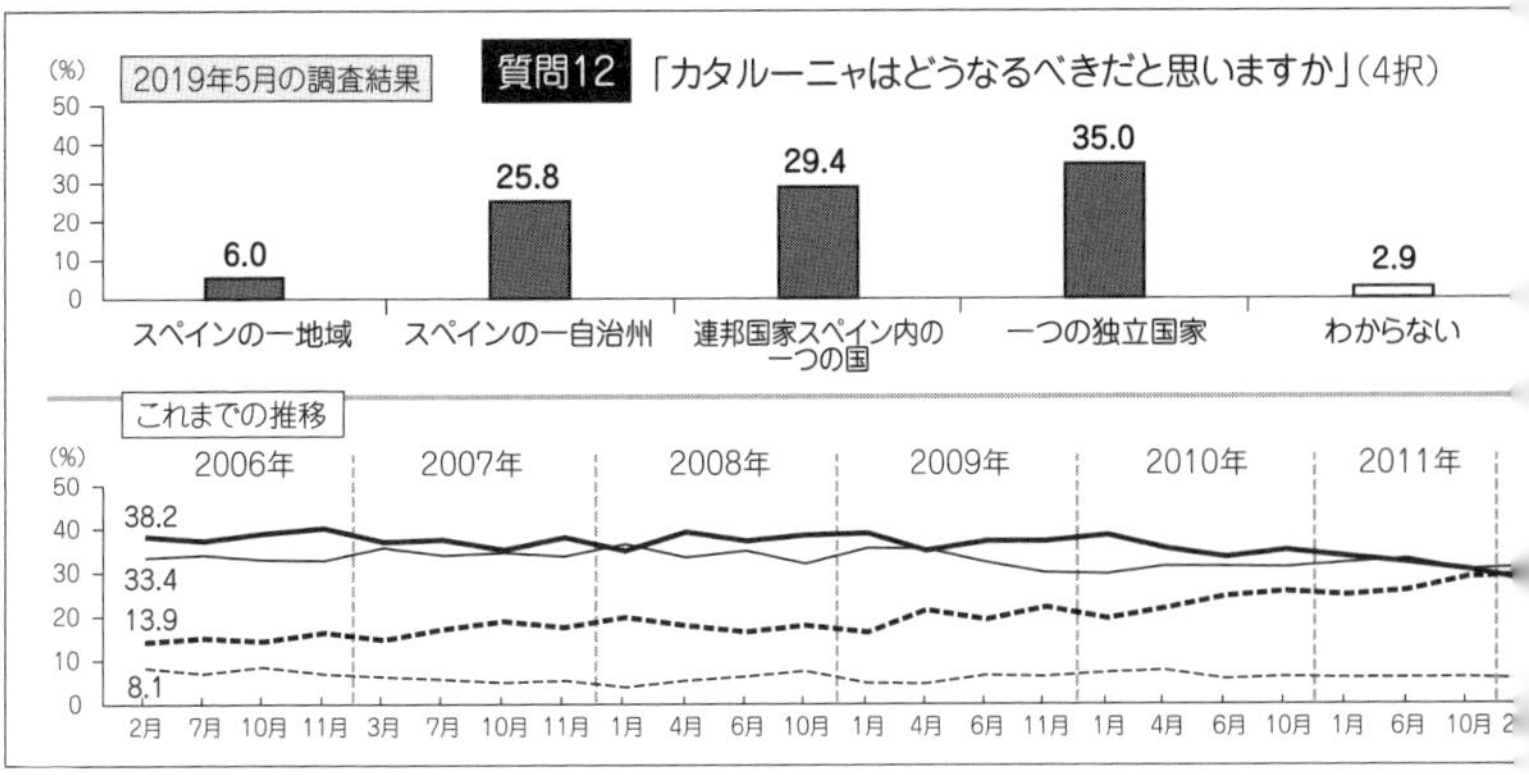

質問 12　望ましい政体についての意識調査

らの積極的なレファレンダム実施キャンペーンがあったことに注目したい。カタルーニャ問題の難しさは、保守的ナショナリストであるプジョルが上からの言語正常化政策を進めようとすると、コスモポリタンで二言語併用主義の文化人からの反発がある一方で、若者を中心とした急進的ナショナリストのカタルーニャ語擁護、さらには独立を掲げた街頭行動が繰り返し起こってきたことである。ここには冷静な議論と、摩擦をできるだけ避けようとする妥協は働きにくい。そうした急進的団体の典型が、前述の「二三〇〇人声明」（第二章第一節を参照）に反発して一九八一年三月に結成された「カタルーニャの言語・文化・ネイションの擁護のための連帯の呼びかけ（クリーダ）」という若者の組織であった。急進的直接行動で自治州政府と対立することもあったが、カタルーニャ語の擁護という点から密かに州政府の資金援助も受けた団体で、一九九三年まで活動を継続した。[59]

二〇〇〇年代に入って分離独立をめざす組織で中心的役割を担うのはこのクリーダ関係者に多い点は見逃せない。その後、多くの者がＥＲＣや左派系ナショナリスト政党で活躍し、一二年、政党の枠を超えた分離独立推進組織のＡＮＣ（カタルーニャ国民会議）の結成にあたっては、かつてのクリーダ・メンバーが重要な役割を果たした。ちなみに、ＥＲＣ党員でＡＮＣの二代目議長となり、独立プロセスの違憲レファレンダムに深くかかわったジョルディ・サンチェス（一九六四年生まれ）も若いころクリーダの積極的活動家であった。[60]

二〇〇〇年代に入ると新自治憲章の制定に関与するなかで、彼らは独立主義を前面に掲げるが、それまでとは違ってカタルーニャの「歴史的諸権利」を持ち出し（一七年の「独立宣言」につながる）、〇五年には「自己決定権プラットフォーム（Plataforma Pel Dret de

Decidir)」を結成した。[61] そして〇八年、リーマンショックが起こって経済的不安が高まるなか、ERCの党首となったウリオル・ジュンケーラスは独立プロセスが開始されると決定的に人びとを惹きつけることになる「税制上の収奪（expoli fiscal）」論を主張し始め、この誇張に溢れたプロパガンダは拡大していった。[62]

こうした動きのなかで開始されたのが、市町村自治体レベルでの市民団体による住民投票の呼びかけであった。〇九年九月十三日、バルセローナ県のアレンチ・ダ・ムンで初めて実施されたが、住民の四一％が参加して、じつに九六％が賛成票を投じた。しかし問いかけはじつに巧妙だった。「カタルーニャ民族が、EUのなかで独立した民主的・社会的国家となるべきだと思うか」への賛否だったのである。ここには、スペインから一方的に分離独立した一地域をEUが一国家として受け入れる可能性はないという大前提は捨象されていたのである。いずれにせよ、一一年四月にかけて小規模市町村を中心にこの運動が広まり（九四八の自治体のうち五五二が参加、ただし最後のバルセローナ市では投票者は二割に満たなかった）、経済的不安を募らせる人びとにいたずらにバラ色の夢を抱かせることになった。

さらに二〇一一年十二月十四日には、スペインによる「税制上の収奪」を前面に掲げた「独立のための自治体連合」が誕生し、やがて内陸部の市町村を包含する七八七自治体の加盟を得るにいたった。さらには、一二年三月十日にANCが結成されて、独立派諸政党を下から支える動きが整ったのである。[63]

アルトゥル・マス州首相の独立プロセス戦略

中央政府首相サパテーロは、経済危機に対処するために労働市場改革を進めたが、労働組合がゼネストを打つなど反発が強まった。二〇一一年五月十五日のマドリードでの集会をきっかけに、大幅な失業率増加に不満をもつ若者を中心にして全国的に反政府示威行動（M－15運動）が広がった。十一月の総選挙の結果、マリアノ・ラホイのPP政権が誕生した（～一八年六月）。ラホイ首相はさらなる労働市場改革を断行するとともに、債務危機に対処するために医療・教育改革を中心に各自治州財政の赤字削減を打ち出した。

M－15運動はカタルーニャでも州政府に抗議する激しい示威運動となった。六月十五日には、議員たちは警察に守られながら州議会議事堂に入場した。その結果、ジャーナリストのアンリック・ジュリアナの見方によれば、経済危機と抗議活動から市民たちの目をそらすために、「独立運動」を急進化させたという（『ラ・バングアルディア』紙、二〇一七年四月二日）。いずれにせよ、マス州首相は、カタルーニャの経済的困難の主要原因を「税制上の収奪」にあるとして、ラホイ政権に対してバスク地方と同様の「経済協定」の締結を求めて、カタルーニャ州の税制上の自律性を高めるよう要求した。しかしラホイ政権はこの声に一切耳を傾けなかった。それどころか、ＰＰの戦略は、カタルーニャの独立派を激しく批判することで、国内他地域の保守層からの強い支持を得ようとしたとも捉えられる。

こうした状況のなか、ＡＮＣが組織した二〇一二年九月十一日「民族の日」の示威行動は大成功であった。主催者発表の二〇〇万人には達しなかったと思われるが、優に六〇万を超える人びとが「ヨーロッパの新国家、カタルーニャ（Catalunya, nou estat d’Europa）」の示威行動に加わった。こうした人びとの熱狂を前に、州政府と中央政府の冷静な対話が閉ざされるなかで、マス州首相の戦略は一挙に「独立プロセス」へと転じてしまった。簡単にその経過を纏めてみたい。

・二〇一二年九月二十七日、州議会（全一三五議席）は八四の賛成票で、前倒しの州議会選挙をおこない、その結果を踏まえて、中央政府に住民投票（言葉としては「意向聴取〈コンスルタ〉」）の実施を要求することを決議。ここから「独立プロセス」が正式に政治日程に上る。

・同年十一月二十五日、州議会選挙でCiUは五〇議席に後退するが、ERCは二一議席に躍進して両党で過半数を超える。その結果、マスが州首相として再任。

・一三年一月二十三日、州議会は八五の賛成票で、「カタルーニャ民族の主権と自己決定権の宣言」を可決。翌一四年三月二十五日、憲法裁判所は同宣言の「主権」の部分を違憲とする。

・一四年九月二十七日、州政府は「意向聴取」政令を発布。中央政府は同政令の違憲性を憲法裁判所に提訴し、憲法裁判所はこれに同意。

・同年十一月九日、州政府は「意向聴取」を強行。「あなたはカタルーニャが国家になることを望みますか」という問いかけに賛成票が八〇%であった。ただし投票率は三七%。

・同年十一月二十五日、マス州首相は次回の州議会選挙で独立派が過半数を占めれば、十八カ月のあいだに独立を実現すると表明。

・一五年九月二十七日、州議会選挙の実施。独立派諸政党はANCと「文化オムニウム」の協力を得て「ともに賛成へ（Junts pel sí）」という選挙同盟を結成して臨むが、六二議席にとどまる。一〇議席となった反資本主義独立主義政党CUP（人民連合）を合わせると七二議席の過半数（得票率は併せても四七・八%）。

・同年十一月九日、州議会で「ともに賛成へ」はCUPの協力を得て、分離独立プロセスの具体的実施を決定。十二月二日、憲法裁判所はこの決議をただちに違憲とする。

・一六年一月十日、マスの再任に反対するCUPが妥協し、プッチダモンがCUPの支持を加えて、州首相に就任（〜二〇一七年十月二十七日に罷免）。

この後の分離独立プロセスについては、省くことにしたい。結局、プッチダモン州首相のもとに違憲のプロセスが強行されて、二〇一七年十月一日「民族自決権レファレンダム」が強行され、十月二十七日には「独立宣言」が採択されたのである。[64]この間に、中央政府のラホイ政権と州政府のプッチダモン州政権とのあいだに、緊張を緩和し妥協点をさぐる努力はおこなわれなかった。また、この間に独立支持派からは、カタルーニャ独立の正当性を主張する多くの論考が出され、これに反対する者からもその論拠を崩す多くの論考が出されたが、両者をつなぐ対話はおこなわれなかった。

終わりなき独立プロセス

政治日程としての「独立プロセス」そのものは、カタルーニャ社会に亀裂を生み出すものであり、決して許されるものではない。そもそも自治憲章の改定でさえ全議員の三分の二、つまり九〇の賛成による発議が求められているにもかかわらず、議会多数派を占めるとはいえ得票数では過半数に達しない独立派諸政党が、次々とこれまでの議会主義プロセスを無視して、意図的に正統性の論拠をつくりあげて、民族自決のためのレファレンダム実施を決定したのである。二〇一七年十月一日のその結果は、州政府発表でも投票率が四三％に過ぎなかったのに、賛成が九割ということを根拠に、さらに一方的な「独立宣言」決定にいたっているのだ。

しかし、その後の州議会選挙（一七年十二月二十一日に実施）の結果をみても、独立派諸政党が議席数では過半数を超えているし、五割に近い得票数を得ている。総選挙（一九年四月二十八日に実施）、地方自治体選挙（同五月二十六日に実施）でも独立派諸政党の存在は決して無視できない。ただし、第一章で論じたように、カタルーニャを一括りで語ることはできず、カタルーニャ域内には大きな政治的・経済的差異が存在している。前述の「タバルニア」の論理も無視できないほど、問題は複雑なのである。

二〇一七年十二月、自治権停止が撤回されて新議会が発足し、紆余曲折を経て二〇一八年五月に、州首相にはキム・トーラが選出された。だが彼は、プッチダモンの路線を継承しようとする強硬派である。[65] 一七年六月にはラホイ政権が倒れてPSOEのペドロ・サンチェスが新首相となるが、「カタルーニャ共和国」をめざすカタルーニャ州政府との溝は依然として深い（一九年八月現在）[66]。

第8章・注

57　一九七八年スペイン憲法では、「スペインを構成するもろもろの民族体（nacionalidad）および地域（región）の自治」を保障すると謳ったが、カタルーニャ、バスク地方、ガリシアが「民族体」としていち早く自治州となったのに続いて、ほかの諸地域も自治州の地位を手に入れて、スペインは一七自治州からなる地方分権的な「自治州国家（Estado Autonómico）」となったのである。しかしこれは、「民族体」とされるカタルーニャなどの自治州がほかの自治州よりおおきな権限の移管を要求する出発点ともなった。「自治州国家」体制の成立、およびその後の中央政府、「民族体」自治州、「地域」自治州のあいだの国家権限の州政府移管に関する係争については、わが国でも比較的詳しく検討されている。巻末の「基本参考文献」のⅣに記載した論考を参照されたい。

58　カタルーニャによる「ネイション」規定を自治憲章に盛り込ませようという動きは、バスク地方、ガリシアばかりか、固有言語をもたない自治州にも地域アイデンティティを強く意識させる刺激となった。二〇〇六年五月にアンダルシーア自治州議会は自治憲章改正案を可決したが、そのなかでアンダルシーアは「ネイションとしての実態（レアリダー・ナシオナル）」をもつとされている。

59 クリーダに代表される独立主義者の街頭行動については、DROWLING, Andrew, “La calle como plataforma de comunicación. De la Crida a la Assemblea Nacional Catalan”, en FORTI, Steven, GONZÀLEZ I VILARTA, Arnau; UCELAY-DA CAL, Enric, eds., *op. cit.*, pp. 171–187を参照。

60 ジョルディ・サンチェスは違憲レファレンダムの指導者の一人として収監されて公判中である。同じくカタルーニャ語擁護の市民団体に一九六一年発足の「文化オムニウム」があるが、二〇〇〇年代に入って急進化した。やはり独立プロセスに深くかかわったとして同団体議長であったジョルディ・クシャール（一九七五年生まれ）も収監されている。ほかにも現在逃亡中あるいは収監中の独立プロセス指導者の大半が、プジョル州首相がカタルーニャ・アイデンティティ強化政策（言語正常化と国民主義歴史教育）を進めるなかで学生時代を過ごしていることは、注目される。

61 「自己決定権（el dret de decidir）」は、直接に分離独立を想起させる「民族自決権（el dret a l'autodeterminació）」を巧みに避ける用語であったが、個人と集団の「自己決定権」の違いを曖昧にした。二〇一二年に独立プロセスが開始されると、一三年一月二十三日、分離独立派議員たちは州議会で「カタルーニャ民族の主権と自己決定権の宣言」を通過させたが、その後は「民族自決権」を掲げて分離独立に突き進む。こうした変化については、ARENAS GARCIA, Rafael, "El procés, un intento de secesión de hecho", en COLL, J. et al., ed., *op. cit.*, pp. 67–88を参照。

62 現在では、このプロパガンダにほとんど論拠がないことが明らかになっている。本書「はじめに」注6を参照。確かにスペインのなかの豊かな自治州の一つとしてカタルーニャは税制上の負担率は大きいが、毎年カタルーニャは「一六〇億ユーロ」もの額を奪われているという数字には根拠がない。二〇一七年四月三日、公の場で当の州政府経済担当相（二〇一〇〜一六年）であったマス・コレイ自ら、「スペインが我われから奪っている」という極端な言説を否認している。さらに、現在ERCのナンバーツーで国会議員のガブリエル・ルフィアンは、一九年七月二十三日の国会演説で収監中のジュンケーラスらの釈放を強く求めるとともに、「スペインは私から奪ってはいない」と述べ、PPの政治家やプジョルの名前を挙げて彼らの汚職や公金横領を批判した。大げさなプロパガンダから離れて冷静な議論が求められているといえるだろう。

63 自治体レベルの住民投票については、MUÑOZ, Jordi and GUIJOAN, Marc, "Accounting for Internal Variation in Nationalista Mobilization: Unofficial Referendums for Independence in Catalonia (2009–11)", *Nations and Nationalism*, 19 (1), 2013, pp. 44–67を参照。市民運動と

64 大衆動員の動きについては、RODRIGUEZ MESA, Cristian, "Discurso y prácticas políticas del catalanismo: del nacionalismo al independentismo instrumental", en FORTI, Steven; GONZÀLEZ I VILARTA, Arnau; UCELAY-DA CAL, Enric, eds., *op. cit.*, pp. 27–50 を参照。具体的過程については、注59の論文を参照。

65 一九六二年生まれのトーラは、分離独立主義者としてANCや「文化オムニウム」に深くかかわってきた政治家であるが、反スペイン的、排他的言動で物議を醸しだしてきた。その語録は、https://www.elespanol.com/opinion/tribunas/20180515/diccionario-xenofobo-quim-torra/307339266_12.html を参照。

66 ただし、二〇一九年七月の段階で、トーラ率いる州政府の政治姿勢を支持しているのは四〇%に過ぎず、一方的な独立プロセスを望む者は九%で、圧倒的多数が「対話と交渉」を希望している。http://elpais.com/ccaa/2019/07/26/catalunya/1564132750_826665.html を参照。

おわりに
——アイデンティティ複合を許容すること

「コビ」への非難

一九九二年にカタルーニャの州都は、世界中の人から注目された。この年、バルセローナ・オリンピックが開催されたからである。そのマスコット「コビ」を覚えている読者の方も多いのではないだろうか。犬をモチーフにしているのは間違いないだろうが、そのデザインは、これまでのオリンピックのマスコットとは違って、きわめて斬新だった。長期独裁からの民主的移行を果たし、ヨーロッパ社会の一員として未来に向けて力強く進む、そんなスペインの表徴として映ったかもしれない。

世界中のジャーナリストがカタルーニャに入っていたこのとき、一握りの分離独立主義者は「カタルーニャに自由を（Freedom for Catalonia）」というスローガンの垂れ幕をできるだけ目立つ場所に掲示したが、ほとんど共感を得られなかった。[67] それから四半世紀を経過した二〇一七年に、分離独立主義の動向が世界中の耳目を集めるとは誰が予想しえただろうか。

「コビ」の作者ハビエル・マリスカルは、一九五〇年にバレンシアに生まれたが、七〇年以後バルセローナに居を構えて、世界を視野に活躍しているデザイナーである。八八年、マスコットのデザインが採択された直後にマリスカルは、「バルセローナが最良なのは、人びと、人種、文化が混淆していることである」と明言した。こうしたコスモポリタンな文化人を許容するのが、社会党のパスクアル・マラガイが市長（在任一九八二〜九七）を務めるバルセローナ市であった。分離独立主義者はこれを苦々しく思いながらも、コビをオリンピックマスコットとして受け入れた。

バルセローナ五輪マスコット「コビ」

しかし、二〇一三年五月、マリスカルが前年の九月十一日のデモを揶揄して、「一〇〇本以上の旗が一緒に振られているのを見ると鳥肌が立つ」と述べて集団的熱狂を批判すると、分離独立の動きに賛同する人びとからの激しい反発を受けた。なかでも、「コビのバルセローナ」は「過去のバルセローナ」だという批判は、「ただ一つのカタルーニャ」を標榜する人びとの心情を吐露したものであった。[68]

新たな兆し

しかし、バルセローナ市は二十一世紀に入ってますます「人びと、人種、文化」の混淆が進んでいる。約一六〇万人の同市人口のうち、一七・八%が外国人居留者と推計されている。言語教育を含めて彼らをどうカタルーニャ社会に同化させていくかは深刻な問題である。二〇一一年に長期にわたる社会党市長からCiU（集中と統一）の市長に代わり、一五年の自治体選挙でも州首相マスはこれに勝利して分離独立の高まりにさらに弾みをつけようとしたが、結果は、「みんなのバルセローナ（Barcelona en Comú）」党を率いる市民運動家アダ・クラウが市長となった。

独立賛成か反対かで世論が分断されるなか、クラウは「経済的危機からの脱却、雇用の新たな創出、社会的不平等の解消」を前面に打ち出して選挙戦を闘った。一五年六月十三日、初の女性市長クラウがバルセローナ市役所前のサン・ジャウマ広場で祝福を受けてい

アダ・クラウとその市長就任を祝う人びと
(2015 年 6 月 13 日、バルセローナ市サン・ジャウマ広場で)

る光景は、二〇一〇年代初頭にサン・ジャウマ広場に結集した人びとの光景とは大きく異なっていることに注目したい。ここには老若男女、とりわけ都市下層の人びとが普段着で、しかもナショナルなシンボルを掲げずに集まっている。ここには、たしかに熱狂があったが、あのマリスカルに鳥肌を立たせたようなシンボルの脅威はなかったのである。[69]

ある一つのシンボルをもとに人びとを分断する、人びとを良き者と悪しき者に仕分けする、そうした動きは、メンドサが指摘するように、世界中に広がっている病気の一つの症候である。「ただ一つの民族」といった単一アイデンティティに拘泥するのではなく、ゆるやかなアイデンティティ複合を許容する道はないのだろうか。「治療は攻撃的薬物投与にあるのではないし、ましてや外科手術にあるのでもない。そうではなくて、からだに良いもの、つまり新鮮な空気と健康的な食物にあるのだ[70]」。そのためにこそ、我われは歴史を冷静に振り返らなければならない。

おわりに・注

67 HARGREAVES, John, *Freedom for Catalonia?: Catalan Nationalism, Spanish Identity and The Barcelona Olympic Games*, Cambridge University Press, 2000 を参照。

68 このエピソードについては、AMAT, Jordi, *El llarg procés, op. cit.*, pp. 329–345 を参照。

69 四年後にクラウは、反独立派諸政党の協力で再選を果たしたが、二〇一九年六月十五日、サン・ジャウマ広場には対立するシンボルの旗が屹立して、険しい雰囲気に包まれていた。

70 メンドサ、前掲『カタルーニャでいま起きていること』、一〇頁。

〈補〉講演録

歴史のなかのカタルーニャ・アイデンティティ

（大阪大学言語社会学会記念学術講演　二〇一五年六月二十五日）

※学会誌『EX ORIENTE』Vol. 23（大阪大学言語社会学会、二〇一六年）二一六〜二四二頁所収

アイデンティティとマイノリティ

ただいまご紹介に預かりました立石でございます。アイデンティティを捉える、その際の学問的な姿勢、注意すべきスタンスというものを、カタルーニャという領域において考えたいと思います。世界のさまざまな地域を考えるうえでのご参考になれば、ありがたいと存じます。当然、この場合のアイデンティティというものは、個人としてのアイデンティティではなく、一定領域の、つまり、総体としてのアイデンティティです。ですから、それは国家のレベルでいえば、普通はnationと呼ばれるものであります。カタルーニャの場合、実際的に、ある場合には地域としてのアイデンティティを主張し、最近ではnationとしてのアイデンティティも主張しています。このことは新聞紙上でもいわれているので、ご存知のことかと思います。ただ、強調しておきたいのですが、地域としてのアイデンティティを主張する場合でも、nationとしてのアイデンティティを主張する場合でも、それは歴史によって変化するのだということを常に意識すべきです。アイデンティティというものは、あるときにつくられて本質主義的に育っていく、あるときは隠れて、あるときは顕在化する、そういうものでは決してなくて、時代と社会の要請のなかで、あるいは必要性のなかでさまざまに変化するものであります。さらに、アイデンティティというものは一つではなくて、さまざまに錯綜しているものであります。私は、それをアイデンティティ複合（コンプレックス）という言い方をするのですが、地域を語る場合にもまさにそういったことが必要です。

また、私たちは、マイノリティ、少数言語地域、少数民族地域と呼ばれるものに関心をもち、そして研究をする場合に、あまりにもその地域に対する思い入れが強くなりすぎてしまう、そうした傾向あるいはきらいがあります。つまり、マイノリティへの過剰な自己同一化を起こしがちなので、気をつけなければならないのです。そもそもある領域をもった、あるいはもたなくてもいいのですけれども、純粋なマイノリティ集団というものは存在しないと考えるべきです。とりわけ、それが領域、一定の地域というものを包括していると主張する場合には、そこには、小さな領域的マイノリティのなかに、さらなるマイノリティを包摂しています。そうした構造も考えていかなければなりません。また、一つの領域アイデンティティを主張する場合に、当該の歴史学あるいは歴史研究というものは、往々にして自己の正当化のために神話を生み出しています。歴史学研究者としては、大きな国家の、いわゆる最近英語でよくいわれている nation state、国民国家の神話も解体すべきであると同時に、そうした国民国家に包摂されたマイノリティ地域、そのなかで生まれてくる、あるいはそこに構築されていく神話もやはり解体していく必要があると思います。

それからもう一つは、国民国家を分析する場合には、そのなかに諸地域があるということだけでなく、諸階層が、あるいは諸階級が包摂されているのをしっかりとみる必要があります。古くは領主と農民層、あるいは封建貴族と平民層、あるいは資本主義社会になれば資本家と労働者と、さまざまな諸階層の対立・闘争というものがあることを認識するわけです。ところがマイノリティを語る場合は、私たちはその点をつい見過ごしてしまいます。何か、カタルーニャというものを語っている場合、あるいはスコットランドのことを語っている場合、そのなかに包摂されている社会的な格差、経済的な格差、そうした問題に目を向けることをつい怠ってしまいます。私は、歴史学だけではなくて、社会科学というものは常に階級と民族、その二つの両方の分析視角が必要だと考えております。ナショナリズムと階級ということは、戦後歴史学のなかで盛んに議論されてきたテーマなのですが、最近では社会言語学の方々が少数言語地域のマイノリティを扱う場合、その内部の階級的対立というものへの関心が、ややもすると薄れています。すこし極端にいえば、被害者としての少数地域・少数集団という側面に流されているきらいがあると思います。

カタルーニャの表徴

最初にカタルーニャの表徴について言及しますが、ここでは面倒ですから、「国」に準じるかたちで、「国旗」あるいは「国歌」と呼びますが、あくまでもここでは、nation を主唱える地域であるカタルーニャが、自分たちの national flag あるいは national anthem を主張しているということです。まず、黄色地に四本の赤い筋がカタルーニャの国旗として盛んに主張されます（本文七〇頁参照）。最近では、カタルーニャで大きなデモがおこなわれ

図1　7月10日のデモ行進

る際に、この国旗が大々的に広げられています。ここに写真がありますが、カタルーニャ語で“SOM UNA NACIÓ”（「私たちはnationである」）というスローガンを掲げたデモ行進がありました（二〇一〇年七月十日）〔図1〕。そして、その論拠とするところが、先ほど申しましたように、往々にして歴史的な根拠に基づいているとされるわけです。カタルーニャは、中世の時代に早く独立の国を形成していました。そして、その国がスペイン・ハプスブルク家のなかに包摂されることによって、次第にその国の自律性・自由というものを奪われていきました。その大きな契機が、一六四〇年のカタルーニャの反乱とその結果の敗北です。次いで、一七〇一年から一四年にかけてのスペイン継承戦争で、ハプスブルク家がブルボン家に取って代わられます。そうすると、フランス流の中央集権的な国家体制がスペインに押し付けられていきます。当然、カタルーニャは抵抗しました。一四年九月十一日に、バルセローナはスペイン・ブルボン家の軍隊によって陥落させられます。九月十一日は、カタルーニャという nació (nation) の終焉の年である、そういうストーリーが繰り広げられることになりました。一六四〇年の反乱で、あとでご紹介しますが、抵抗の歌ができます。「刈り取り人の乱」という農民たちの反乱で、鎌をもった刈り取り人たちがキリストの像を担いで反乱する姿ですが、このときに謳われた詩が現在のカタルーニャの国歌となっています〔図2〕。一六四〇年、そして一七一四年九月十一日というのは、宗教的な意味も持っているのです。

図2　「刈り取り人の乱」

国家公用語と地域の固有語

さて、念のために、カタルーニャの位置を押さえておきたいと思います（本文二三三頁参照）。スペインには、ローマ時代以来の歴史過程を経て、中世末には多元的な構造ができあがっております。大きくいえば、ガリシア語、バスク語、カスティー

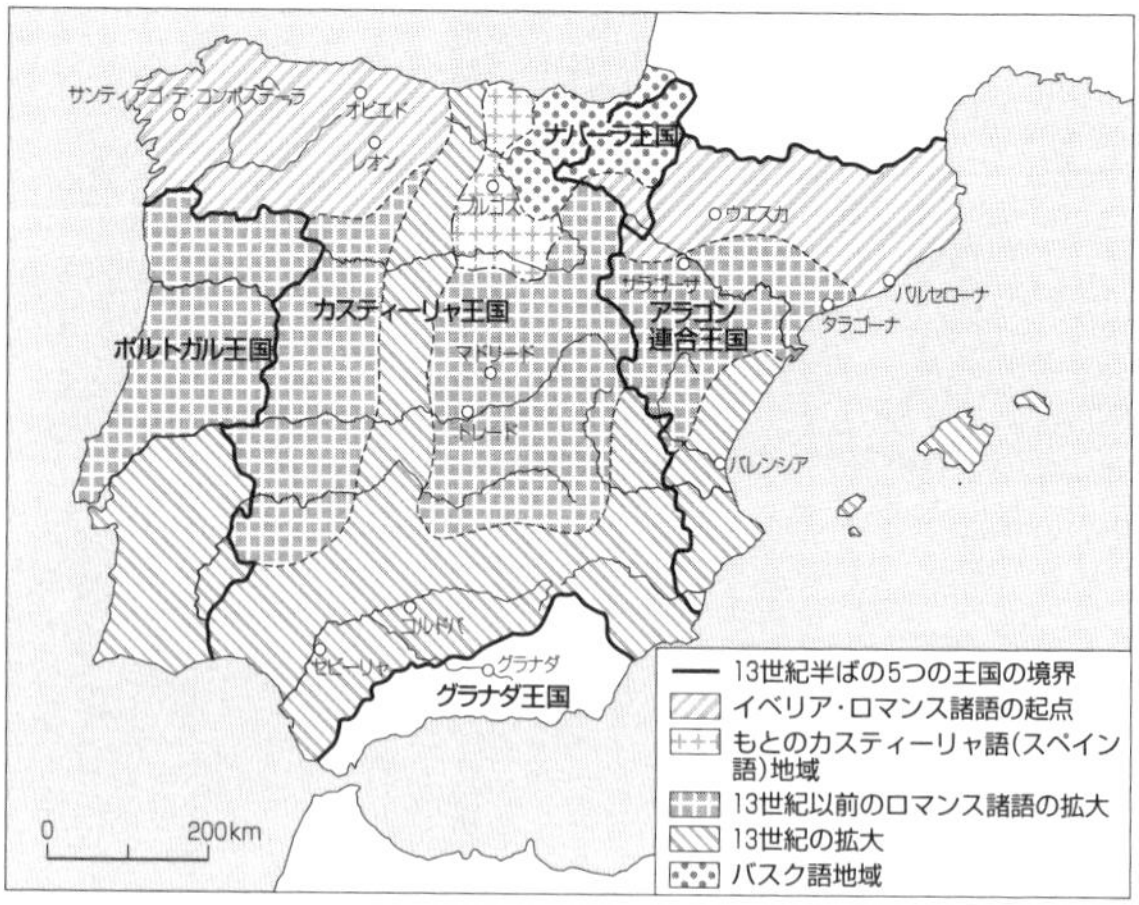

図3　中世イベリアの言語状況

リャ語（スペイン語）、カタルーニャ語などの言語地域ができています（図3）。中央部はカスティーリャ王国になりますが、東部にはアラゴン、カタルーニャ、バレンシアがアラゴン連合王国を形成しています。そして、それぞれの国が、独自の法、独自の制度・政体をもっていたという事実があります。そうしたものが、先ほどいいましたように、ハプスブルク家支配、ブルボン家支配を通じて中央集権化されていきます。そして、国民国家形成のなかで、これらの周辺諸地域が統合されていくというストーリーになっています。

一九三九年から七五年のフランコ独裁体制

においては、スペインをカスティーリャ＝スペインとして、「一つにして、偉大で自由な国」というスペイン像が押し付けられます。しかし、七五年以降の民主化の過程における スペインでは、ガリシア、バスク、あるいはカタルーニャといった地域が自治権を手に入れて、それぞれの地域の言語がそれぞれの地域の公用語となっていきます。そのため、スペインはヨーロッパのなかでも非常に分権化が進んだ国と一般的にはいわれていますが、それで問題が解決しているというわけではありません。

気をつけていただきたいのは、カタルーニャ自治州の公用語はカタルーニャ語ですが、その南のバレンシア自治州の公用語の一つもカタルーニャ語です。カタルーニャ語のバレンシア方言といった方がよろしいでしょうか。さらに、マジョルカ島などのバレアレス諸島でもカタルーニャ語を使用しています。言語分布と、自治州を含めて、領域区分とは重ならないのです。この灰色の部分がカタルーニャ語を話す地域とされています〔図4〕。ご覧になっておわかりになるように、カタルーニャ語地域というのは、じつは、ピレネーを越えてフランス側にも広がっています。あるいは、バレンシアにおいては半分近くがカタ

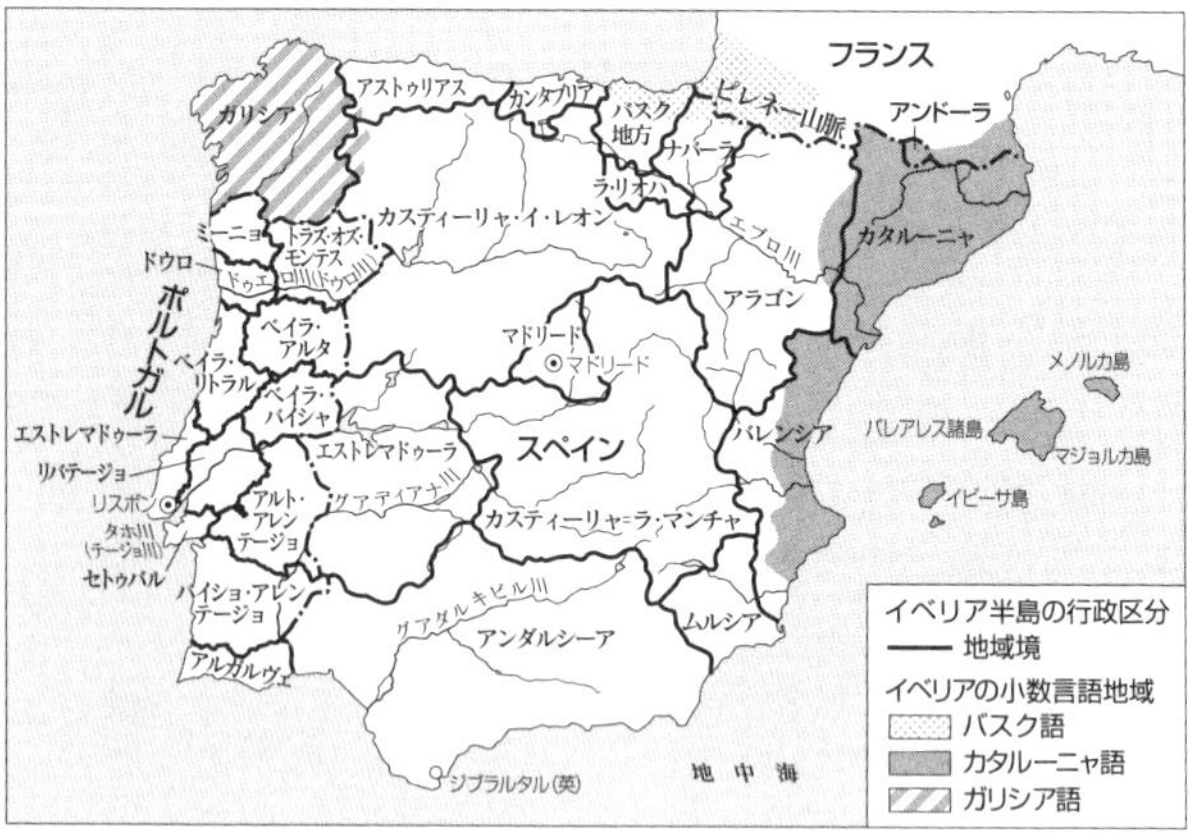

図4　行政区分と少数言語地域

ルーニャ語の地域ですが、そうでないところはスペイン語のみを公用言語とする地域となっています。こういう点でも、言語と領域の区分は非常に複雑だという現実を押さえておく必要があると思います。

さて、現在のスペインを考えるうえでは、いまいったようなスペインがスペイン語を唯一の公用語とする、そして地方の言語と文化を抑圧する、そうした体制ができあがったということが重要な意味をもっています。一九三六年から三九年のスペイン内戦には、ファシズム対民主主義、あるいは農民と地主の対立、あるいは教会と軍隊の支配に対する反対など、いろいろな要素が含まれていますが、じつは、カタルーニャやバスクの自治を求める動きに対する保守層の反発、国を分裂させるのではないかという分離主義に対する極度の反発がその背景にありました。したがって、三九年から七五年にかけて存続したフランコ独裁は、分離主義に対するスペインの統一ということをつねに標榜していたのです。独裁政権は、ガリシア人、あるいはバスク人、あるいはカタルーニャ人に対して、こんなことを要求しています。「スペイン語を上手に話せ」と。「愛国者たれ」と。「野蛮人であるな」と。要するに、カタルーニャ語やガリシア語を話すスペイン人は、barbarian、まさに「野蛮な言葉」を話す連中だと、そういうかたちで、とくに四〇年代には非常に激しい弾圧がおこなわれています。一例として、四二年にガリシアで配布されたビラをみてください。〔図5〕

カトリックとスペイン帝国

それと同時に、スペインがカトリックの国であるということがきわめて強く打ち出されました。歴史学では、ナショナル・カトリシズムという言い方をしておりますが、スペイ

HABLE BIEN
Sea Patriota - No sea bárbaro
Es de cumplido caballero, que Vd. hable nuestro idioma oficial o sea el castellano. Es ser patriota.
VIVA ESPAÑA Y LA DISCIPLINA Y NUESTRO IDIOMA CERVANTINO
¡ARRIBA ESPAÑA!

図5　1942年にガリシアで配布されたビラ

ン nation ＝カトリックということです。ですから、この時代に使われた歴史教科書はきわめて偏っていました。ここでは『私はスペイン人』というタイトルの小学校教科書を紹介しますが、ファシズム式の制服を着た子どもがスペインの国旗を掲げています。これに載っているのは、ビリアトから始まってサンティアゴ（聖ヤコブ）、そして最終的にフランコへと繋がる、そうした歴史です〔図6〕。ここに挙げられる項目は、いかにスペインがスペインという唯一つの文化を、歴史を通じて築きあげてきたかを表徴しています。同じようなポスターにこんなスローガンもありました。「帝国の言葉を喋れ」。スペイン帝国を想起させて、帝国の言葉を喋れ、と。あるいは、「セルバンテスの言葉を喋れ」と。「きちんと話

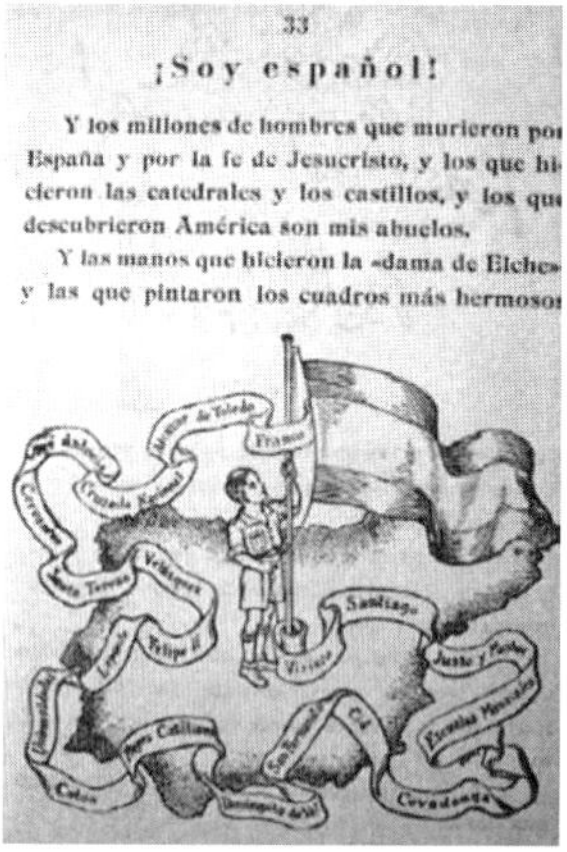
33
¡Soy español!
Y los millones de hombres que murieron po
España y por la fe de Jesucristo, y los que hi
cieron las catedrales y los castillos, y los qu
descubrieron América son mis abuelos.
Y las manos que hicieron la «dama de Elche»
y las que pintaron los cuadros más hermoso

図6　当時の小学校教科書『私はスペイン』

せ」というスペイン語、それはセルバンテスの言葉であり、帝国の言葉であるという認識が押し付けられていたのです。

ナショナル・ヒストリーの隘路

こうした背景があるので、一九七五年以降、カタルーニャでは言語的にも文化的にも復権しようとする、つまり、フランコ独裁で抑圧されていた独自の文化・言語を回復しようとする動きが強まったのはいうまでもありません。強まっただけではなく、今の私たちの目からすれば、ある意味では先ほどいいましたように、少数言語地域・マイノリティがその歴史を神話化していったのです。そして、これに対して独自の科学的な歴史学を擁護する、そのような文化的な動きもありました。ここではより深く、こうした歴史学研究に、あるいは史学史上の論争について関心がある方のために、『ラベンス（*L'Avenç*）』誌上で繰り広げられた論争の主要論文を紹介しておきます（二二六〜二二七頁参照）。必要であればご覧になっていただきたいと思いますが、ここに出てくるアルベル・バルセイスというバルセローナ大学の先生がどんなことをいっているかというと、「カタルーニャというものをnationととらえる。スペインがnationではなくて、カタルーニャがnationであるということをその基軸に据えなければ、カタルーニャの歴史学は成立しない」と、あるいは、「カタルーニャの歴史学は築かれていかない」と、非常にナショナルな主張を繰り広げています。nationをめぐっては、たとえ歴史学であってもneutrality（中立性）は存在しない、とも。もちろん、このような主張に対しては、さまざまな反発も繰り広げられました。

《カタルーニャの「国民史（ナショナル・ヒストリー）」をめぐる『ラベンス（*L'Avenç*）』誌上の論争》

- MASCARELL, Ferran, "Desmitologitzar no és desmobilitzar", núm. 53, 1982, p. 2.
- BARCELÓ, M.; RIQUER, B. de; SERRA, E.; et al., "Debat sobre la tasca de l'historiador, avui", núm. 67, 1984, pp. 70–76.
- GARCÍA CÁRCEL, R., "Els mites i la Historia de Catalunya", núm. 72, 1984, pp. 81–82.

- BALCELLS, Albert; MARTÍ, Casimir; TERMES, Josep, "Història nacional i història social. Problemes de la historiografia sobre el fet nacional català", núm. 87, 1985, pp. 66–77.
- ROCA, F.; VINYES, R., "Per traspassar la boira. Resposta a Albert Balcells, Casimir Martí i Josep Termes", núm. 93, 1986, pp.70–75.
- BALCELLS, A., "La història de Catalunya i la tesi de la neutralidad nacional", núm. 172, 1993, pp. 58–65.
- Dossier, "El fruit de la discòrdia: sis raons sobre la història", núm. 175, 1993, pp. 26–47.
- BALCELLS, A., "Comentaris al dossier 'el fruit de la discòrdia', sobre l'estat de la historiografia catalana", núm. 177, 1994, pp. 46–48.

改めてこうしたナショナリスティックな見方についての批判が必要です。その意味では、イギリスの歴史家J・H・エリオットの言葉が大変参考になります。エリオットは、スペインの近世史、そしてカタルーニャの近世史をきわめて学問的な態度で研究されてきた、もう九〇歳を過ぎた高齢な歴史家で、ご自分の歴史を自伝的に省察した作品を残しております。『*History in the Making*』（Yale University Press, 2012）（立石博高・竹下和亮訳『歴史ができるまで——トランスナショナル・ヒストリーの方法』、岩波書店、二〇一七年）という大変興味深い書物です。エリオットは一六四〇年のカタルーニャの反乱について学位論文を書くのですが、そのときに彼は「抑圧されている人びとへの natural sympathy（自然な共感）というものを覚えずにはいられなかった。しかしながら、私が研究しているカタルーニャの伝統的に神話化された歴史にとっては不都合な史実が次第に明らかになっていく。その史実を、私は歴史家として明らかにしなければいけない、そうした緊張のなかで仕事をしてきた」とエリオットはそんなことを率直にいっております。残念ながら、national historians とか、nation を基軸としている歴史家たちは、自覚的に、あるいは無自覚のうちに、nation に対して自らもとうしているイメージ・かたちというものを、歴史的分析対象とするはずの nation にどうしても重ねてしまうのです。ナショナルな歴史に対して、トランスナショナルな歴史を対峙しようとしたエリオットの姿勢を、私は重要であると思います。

表徴の神話化

先ほど冒頭で簡単に触れました国旗・国歌に加えて、もう一つナショナル・シンボルとして盛んにいわれるものとして、日本語ではなかなか訳しにくいのですけども、ナショナル・デイ（国祭日）というものがあります。カタルーニャ語ではディアダ・ナシウナルといいます。国旗、国歌、国祭日、こうしたものは、民族共同体にとって、あるいは国民共同体にとって重要な意味をもっていますが、これらはいずれも神話的な要素をもっているということを、ここでは押さえたいと思います。まずカタルーニャの国旗ですが、九世紀末のヒスパニア辺境伯ギフレー多毛伯にまつわる故事として、カタルーニャの歴史のなかでは謳われています。激しい戦闘の末に怪我をして横たわっている多毛伯を、主君であったフランク王シャルル二世禿頭王が見舞う。多毛伯は胸から血を流しており、その血を手で拭い、その横にあった金色の盾にその血でもって四本の筋をつけた、と。そこからカタルーニャの紋章が始まったと、カタルーニャ人の子どもたちはみんな教えられるのですが、もちろんこんな事実はありませんでした。ちなみに、この旗はカタルーニャだけではなくて、先ほどいいましたアラゴン連合王国の旗でもありますし、狭い意味でのアラゴン国の旗でもあります。それでも、自分たちの歴史的な逸話に絡んでもっぱら自らのものと主張するのです。私たちは、こうした点に気をつけたいと思います。

さらにカタルーニャの国歌。先ほど言いました一六四〇年のカタルーニャの反乱において謳われた詩をもとにつくられた歌です。これは、スペイン内戦のなかでバルセローナの人たちを鼓舞するために配られたビラです（本文八六頁参照）。この歌は、日本の「君が代」のように、のどかではありません。内容を読み上げますと、「傲慢な連中よ。カタルーニャから立ち去れ」という詩が入っております。もちろん「傲慢な連中」というのは、カスティーリャの軍隊、カスティーリャの連中のことですが、それらに対し「私たちの祖国・祖地から立ち去れ」と。それをいまでも歌っているのです。もっとも、このような歌は昔からある程度流布していたのですが、それにきちんとメロディがつけられ、合唱として成立するのは十九世紀末のことです。nationstate というものが、十九世紀末から二十世紀にかけてヨーロッパで誕生します。その流れのなかにカタルーニャもあったということです。

そして、自分たちのアイデンティティを歴史的に鼓舞するような歌が、ナショナルなものとして採用されたということです。

国祭日についても同様です。先ほどいいましたように、一七一四年九月十一日、スペイン継承戦争の末に、バルセローナが陥落します。この陥落の最後まで戦いぬいたのが、カザノーバでした。もっとも、しばらく前までは、この日にカザノーバは最後まで抵抗して死んだといわれていたのですが、残念ながらその後も生き延びて長寿を全うしたことが明らかになっております。

また、カタルーニャの自由と固有の制度の喪失というふうに、極端な形で nation の終焉と謳われるわけですが、それほど事実は単純ではありません。確かにカタルーニャの伝統的な議会、あるいは政治制度というものは廃止されました。だが、民法のようなカタルーニャの独自の商・経済慣習に関わるものは残さざるを得なかったのです。また、カタルーニャ語も一般の人びとのなかでは使われ続けます。十九世紀後半にスペイン語の学校教育がおこなわれるようになって、次第にカタルーニャ語が衰退しだすものの、民衆レベルでのカタルーニャ語は依然として残っていたというのが事実です。そうした意味では、極端に切れ目をつける、あるいは「切断の事実」として歴史を描くことが、このナショナル・ヒストリーにはありがちだということです。

総じて私たちは、十九世紀のロマン主義に目を向ける必要があります。十八世紀の啓蒙的合理主義から離れて、各国はnationをつくっていきます。フランス然り、イングランド然り、あるいはスペイン然りですが、そうしたロマン主義的な動きのなかで、さまざまな歴史神話というものがつくられ定着していきます。カタルーニャにおいてもそのような傾向があって、国旗、国歌、国祭日というものはまさにそのなかで生まれたのです。

ただ、重要なことは、国民国家を形成してしまった国はそれなりの強みがあり、そうしたロマン主義的な歴史学から離れて、より客観的な史実に基づく歴史構築がなされる可能性が開けていきました。けれども、カタルーニャのような国民国家スペインに包摂された地域では、そうした状況のなかであくまでもカタルーニャというnationというものを作為的に訴え続けざるを得なかったのです。そうしたことを、私たちは事実として理解すべきです。この点に関しては、シモン・イ・タレスの「歴史的神話とカタルーニャ・ナショナリズム（Els mites històrics i el nacionalisme català）」という大変優れた論文があります（*Manuscrits*, núm. 12, 1994 に所収）。

さらに、カタルーニャという地域をみていきますと、私たちが何らかの表徴に日本というものを感じる以上に、直截にカタルーニャを感じさせるさまざまな表徴がつくられています。聖ゲオルギウス（サン・ジョルディ）は、盛んに広場の名前となっていますし、バルセローナの紋章にもなっています。四月二十三日はサン・ジョルディの日として今でも祝われています。また、カタルーニャのカトリックの聖地、ムンサラット。あるいは、輪をつくって踊るサルダーナという踊り〔図7〕。こうしたものが、非常に強調されています。これは、スペインという nation に包摂された少数言語地域であるという、そのステータスを抜きにしては考えられ

図7　カタルーニャの踊り「サルダーナ」

ません。そのことは理解すべきであると思います。

建国起源の神話

ただ、繰り返しになりますが、ではそれが歴史的史実であるか、あるいは、どこまで神話化されているかということを、私たちはきちんとみていく必要があります。じつは中世以来、さまざまな神話が生まれているのですが、カタルーニャの起源に関する神話というのは、やはり中世から近世にかけてのカタルーニャにとっての問題だったのです。この時期においては、まだスペインという nation への対抗という問題ではありませんでした。では何が問題となって神話が生まれていったのか？　そして、あとになってそれがスペインとの関係で利用されていったのか？　そのような視点から眺めてみる必要があると思います。

たとえば、カタルーニャがイスラームに対するレコンキスタ、つまり再征服に立ち上がったことについての説明です。中世の時代には、こんなふうにいわれています。八世紀後半、カール大帝がイスラームに対する再征服を呼びかけました。これに対して、領主貴族たちが先頭に立って、その再征服を担っていきました。しかしながら、臆病な農民たちはそれに応じませんでした。だから、彼らは貴族に対する隷属農民としての地位に甘んじることになりました。このようなストーリーができあがります。これは明らかに、中世後期における農民たちの反乱に苦しむ領主貴族たちがつくりだしたカタルーニャの一つの大きな神話ということになります。

さらに、ギフレー多毛伯、先ほどのカタルーニャの国旗をつくったとされる人物ですが、この人物についてはこれとは別に、ギフレー多毛伯がフランク王、つまり、自分たちの宗主国だったフランスの国王から、イスラームとの戦いで大いに活躍したためにバルセローナの支配者と認められ、それを称える紋章ができあがったとされたのです。つまり、彼がバルセローナを中心とした領域を他の貴族たちよりも優位に立って支配する、その領域支配の正当性を主張する神話として成立したものです。さらに、こんな神話も生まれております。中世末から近世初頭になりますと、王権の力がさらに強まって、貴族たちの権力が脅かされます。そうすると、いや、カタルーニャをつくったのはウジェ・カタローという人物と、彼に従った九人の貴族たちがピネレーから運動を起こしたのだと。それで、できすぎですが、「カタロー」というのが「カタルーニャ」という言葉の起源であるというかたちで、起源神話に繋がっていくわけです。これはまさに、先ほどいいましたように、王権の強化に対抗したカタルーニャ貴族たちのアイデンティティ神話であるのです。こうしたかたちで、いくつか例を挙げましたが、神話がさまざまにできあがっていったのです。アイデンティティというものは、それぞれの地域と、そして内部の階級対立、そうしたものを抜きにしては考えられないということの例です。

十九世紀ロマン主義歴史学でも神話は蘇生しますが、さすがに隷属農民を支配する領主貴族やウジェ・カタローなどは史実としては取り入れられません。無理があるのです。ところが、ギフレー多毛伯はきわめて都合がいいのです。フランスから独立して独自の国をつくったカタルーニャ。祖国カタルーニャの父ギフレー多毛伯、というように盛んに称えられます。そして、九八八年がカタルーニャの建国の年とされて、実際に一九八八年にはカタルーニャ建国一〇〇〇年が祝われます。しかし、フランスによるカタルーニャの正式な宗主権放棄は、一二五八年のコルベイユ条約によるのです。もし一〇〇〇年を祝うのなら二二五八年ということになるわけで、建国一〇〇〇年はかなり後に設定しないといけません。こういったことは歴史の作為であり、私たちはそれをきちんと学んでいく必要があります。

近代国家形成とカタルーニャ主義

講演の予定時間がだいぶ経ってしまいました。申し訳ありませんが、このあと駆け足で、十九世紀から二十世紀にかけてカタルーニャにとって最大のアイデンティティの拠り所とする動き、カタルーニャ主義と呼ばせていただきますが、それが展開し、そしてカタルーニャのナショナリズムになっていく動きをご紹介いたします。駆け足で二十世紀までの経過を辿りますが、要はカタルーニャ主義といわれる動きは、時代時代においてスペインとの対抗のなかでさまざまに変化していくということです。あるいは、カタルーニャのなかのブルジョワジーとプロレタリアの対抗のなかで、さまざまに運動が展開していきます。カタルーニャは次第に世俗化していきます。かつてのカトリックの国が世俗化していくのです。その危機意識のなかから出てくるカタルーニャ主義。それはどんなものか？　そんなかたちでカタルーニャ主義というものにも、歴史的変容・変化があったということをみていきたいと思います。

一七一四年にnationとしてのカタルーニャが終焉したといわれますが、それはかなり問題があります。そもそもnationとしての一体性というものは、ある領域としてのアイデンティティをはっきりともつようになる契機がなければ生まれないわけで、そうしたものがつくりあげられていくのはフランス革命を経た時期です。スペインというnaitonをつくる動きとして、ナポレオンのスペイン侵入が一八〇八年から一四年にかけて起こります（スペイン独立戦争）。そのなかでカタルーニャには、スペインが旧体制の王政を倒して新しい自由主義国家を建設しようとする動きに同調する人たちも現れます。カタルーニャの独自性を維持しようとする動きと、新たなスペインというものに積極的に同化しようとする動きとは、必ずしも矛盾しなかったのです。

カッマニィという人物は、新たな緩やかなスペインを積極的に模索します。「アラゴン人、バレンシア人、ムルシア人など、これまでnationと呼ばれていた小さな諸国から偉大な一つのnationがつくられる」。この言葉のなかでは必ずしも、小国の独自性を放棄しようとはいっていないのですが、近代的な立憲機関、あるいは近代的な法体系としては大きなスペインという国民国家を切望しています。プチブランの場合はさらにはっきりしています。「国家のなかの他の人びとと新しい諸制度、一つの自由主義的な法制度のもとで緊密な絆をつくりあげていくには、プロビンシア、つまり地方の言葉を放棄する必要がある」。国民国家を建設するためには、いつまでもカタルーニャ語にこだわっていてはいけないのだと、皆が、スペイン語という国家語に同化していかなければいけないと、プチブランはそんなことをいっています。おそらくは、フランスが国民国家のモデルとされているわけですが、フランスのなかの地方語を話していた人びとがこうした意識を強くもつようになり、そうした人びとが最初に国民国家に同化することによって、フランス語という言語が、あの六角形（レクザゴーヌ）の国にごく一部の地域を除いて浸透していく、という状況が生まれていったのではないかと推測されます。

それに対して、一八六〇年代になると、期待していたほどにはスペインの近代国家形成が進まず、それに対してカタルーニャは経済的な進展をみせていきます。カタルーニャのそうしたブルジョワジーを代表するクルターダという人物は、スペインという自由主義国家を決して否定しませんでした。クルターダはnationとしてのスペインを認めつつも、「カタルーニャは我われのパトリア（祖国）である」という言葉を残しております。そのうえで、スペイン語は公の言葉として話されるべきものであるけれども、「私たちが日常的に思考する言葉はカタルーニャ語なのだ」と。クルターダはそうした複合的な二重のアイデンティティをきわめて的確に表現した人物といえます。

言語復権運動とカタルーニャ主義

さらに十九世紀後半になりますと、カタルーニャは繊維産業を中心に、政治的に遅れた首都マドリードに対して経済的に進んだバルセローナという自負のもとに、発言力を強めていきます。よくいわれるのは、文化的ナショナリズムがやがて政治的なナショナリズムへ発展していく、ということです。ミロスラフ・フロフの有名なテーゼなのですが、スペインやカタルーニャにもその点はあてはまります。まずは、ラナシェンサという文化的カタルーニャ主義が生じます。ラナシェンサというのは、カタルーニャ語で「ルネサンス」という意味です。そして、後にカタルーニャ主義が政治的ナショナリズムになっていきます。その最初の担い手がスペインに対抗するカタルーニャのブルジョワジーたちでした。彼らは、カタルーニャ主義の起点はラナシェンサにあると強く主張します。自分たちが新たな文芸復興運動を起こして、それがさらに政治的に発展していく、と。

しかし、じつはカタルーニャの言語復権運動にはもう一つの重要な動きがあったと、最近でははっきりいわれるようになっています。ラナシェンサの「花の宴」あるいは「花の競技」というかたちの文芸コンクール、詩歌競技というものは、あくまでも中世に話されていたカタルーニャ語、つまりアルカイックなカタルーニャ語を知的に競い合っていた文芸運動であって、民衆たちが話していたカタルーニャ語ではなかったということですね。カタルーニャの反乱あるいはスペイン継承戦争を経て延々と続いているカタルーニャ語。そのカタルーニャ語を、そのままでは困るので、より洗練されたものにして、ある統一性をもたせようとする動きが起こってきます。カタルーニャにおける民衆レベルの言語の統一化が、後のカタルーニャ運動の大きな基盤になっていくわけですが、それをつくりあげたのはラナシェンサではなくて、「花の宴」のような保守的文化を批判したフレダリック・スレー、アンセルム・クラベ、あるいはアンジャル・ギメラという共和主義者の知識人であるということがいわれております。スレーは「いま話されているカタルーニャ語」によって文芸作品をつくりあげていくことが大事だと強く主張しました。また、現在でもクラベの墓前では、毎年慰霊祭がおこなわれています。

これらの動きが混じり合うことによって地域ナショナリズムが整えられていくわけですが、ここで気をつけたいのは、共和主義的なアルミライを中心としたカタルーニャ主義、これが最初の政治的なナショナリズムだったということです。いま共和主義といいましたように、それはある一つの広がりをもった動き、ブルジョワ批判の、ブルジョワ人とは距離を置くような運動だったということです。これに対して間もなく、より保守的な政治的動きが生まれてきます。先ほどいいましたように、カタルーニャの産業化が進んでいくなかで労働運動が生じてきます。民衆の教会離れが進んでいきます。そうすると、カタルーニャというものは自分たちの祖国であると同時に、教会とは切り離せないものだという主張がなされていきます。カトリックという良き文化とカタルーニャ主義が同一である、と。そのような動きが生まれます。これがトラス・イ・バジャスという司祭です〔図8〕。ビックの司教だったということで、ビックを拠点に活躍した人物ですから「ビガタニズマ（ビック主義）」というかたちで記憶されていますけれども、彼はこんなことをいっています。「地域とは家族・財産・宗教の自然な制度を保障するものだ」と。地域、それから家族、財産、宗教ですね。まさにブルジョワ

図8　グエイ、ガウディとトラス・イ・バジャス（右）（リカール・ウピソの絵より）

的な価値観のもとに保障されるカタルーニャ市民。そして、「カタルーニャとキリスト教は不可分である」と。バジャスはそのような考え方を強く打ち出しました。

二〇世紀のカタルーニャ主義

これらの急進的なカタルーニャ主義と保守的なカタルーニャ主義を上手くミックスして、力を強めたブルジョワジーの要請に応えるような政治運動を大きく展開したのが、二十世紀初頭のプラット・ダ・ラ・リバという人物です。一九〇一年には、地域主義連盟（リーガ）という政党をつくり、さまざまな政党を結集して「カタルーニャの連帯」という選挙同盟をつくります。一八三三年の行政区分によってカタルーニャは、四つの県に分裂させられていました。それらを一つにすることは許されなかったのですけども、文化的な連合体としてマンクムニタット（カタルーニャ四県連合体）という組織をつくることに成功します。いまカタルーニャにありますカタルーニャ学院やカタルーニャ図書館といった文化的な施設ができあがったのは、このプラット・ダ・ラ・リバのおかげです〔図9〕。

しかし、この保守的なカタルーニャ主義は、二十世紀初頭のより深刻な経済的混乱のなかで衰退していきます。ご存知のように一九一四年から一八年にかけて第一次世界大戦がありました。第一次世界大戦ではスペインは戦争に巻き込まれなかったので、戦時特需のなかで好況でした。しかし、その後の不況には凄まじいものがありました。これに対して力を蓄えていたアナーキスト系の労働者がストライキを起こします。まさに労働者と資本家のあいだで暴力的な対抗が繰り広げられたのが、一九一〇年代の後半です。そうすると、ブルジョワジーたちはナショナリズム（カタルーニャ主義）を一時放棄して、プリモ・デ・リベーラの軍事独裁を容認します。一九二三年から三〇年の期間ですね。そうしますと、これまでの保守的カタルーニャ主義は大きく失墜してしまいます。つまり、スペインの軍事独裁に同調したということです。その軍事独裁は、最初はカタルーニャの一定の独自性を守るといってい

図9　プラット・ダ・ラ・リバ

たのですが、結局はカタルーニャ主義の弾圧にまで走ります。

そうしますと、共和主義的な傾向に繋がるスペインの知識人たちのなかでカタルーニャの言語・文化を擁護しようとする動きが生まれてくるのです。いつもカタルーニャとスペインは敵対しているというイメージがありますが、決してそんなことはありません。このときには、プリモ・デ・リベーラ独裁に対する反発と並んでカタルーニャの言語・文化を擁護する動きもみられたということに注目すべきです。時代の状況のなかで、カタルーニャを擁護しようとする動きと、反カタルーニャの動きとは、錯綜しているのです。

図10　自治憲章

その後、独裁が崩壊して第二共和政へと移行しますが、現在でもその歴史的起源をここにもつＥＲＣ（カタルーニャ共和主義左翼）という政党がこの時期に大きな力を持ちます。

第二共和政の誕生に協力したカタルーニャは、一九三二年、念願の自治憲章を手に入れることになります〔図10〕。スペインのカタルーニャ自治州が歴史的自治州といわれる所以は、歴史的に自律性・独立性をもっていたということだけではなくて、第二共和政のときにこうしたかたちで既に自治を手に入れていた地域であるということです。これは後の一九七八年憲法と自治憲章制定の動きに繋がります。それはバスクも同様で、それからガリシアも非常に形式的ですが自治権を手に入れていました。ですから、この三つが歴史的自治州といわれるのです。

その後一九三六年から三九年にかけてスペイン内戦が起こりますが、これは労働者・農民と資本家・地主の対立であります。あるいは教会と軍隊、オリガーキーといわれる保守的な政治的支配層と圧倒的多数の民衆との戦いという側面だけではなくて、分離主義的な動きに対する中央集権的な反発でもあったのです。先ほど申し上げましたように、フランコ独裁では強圧的なポスターが街角に貼られ、長いあいだ地域の言語・文化が弾圧されてきました。そのことを十分に理解しておく必要があります。

ポストフランコのカタルーニャ

そして、一九七五年にフランコが死去します。今年（二〇一五年）がフランコ没後四〇年なので、十一月には、いろいろなイベントが開かれるのではないかと思います。幸いスペインでは、フランコを懐かしむという動きはほぼ完全に消え去っています。一九七八年十二月に現在の憲法が制定され、一七の自治州からなる国家体制がつくられました。その憲法のなかでは、スペインは一つのnación(nation)であると謳われています。しかしながら、先に述べました歴史的な地域をスペイン語ではnacionalidad、英語ではnationalityという言葉で呼んでいます。nationalityという言葉には、いろいろな意味がありますので、気をつけていただきたいと思います。もちろん「国民性」という意味がありますが、その他に歴史的には「ある国家に包摂された少数民族言語地域」を意味します。かつて、オーストリア＝ハンガリー帝国のなかで、そうした地域はnationalitätと呼ばれており、じつはその言葉が援用されたのです。スペイン語のなかではほとんど使われていなかった意味なのですがフランコ独裁を支持し、そしてフランコ独裁の崩壊にいたってもまだ力をもった人たち、中央集権主義者、分離主義を嫌う政府の役人たちは、スペインのある程度の民主化を許容しながらも、過度の自治権は許容しなかったのです。カタルーニャやバスクなどには nation の志向もありましたが、nation を志向するということでの纏まりはまだもちきれませんでした。

そうした政治的な妥協として、一九七八年制定のスペイン憲法は、こうした少数言語地域に対して nacionalidad（民族体）という名称を与えたわけです。民族体です。これは注意を要します。現在、一九七八年憲法を字句通りに読めば、カタルーニャを nation であるとか、バスクを nation であるというふうに定義することは憲法違反になるわけです。ただ、歴史的にみるとスペイン憲法は、いろいろな意味で改正、改訂をされております。ところが、一九七八年憲法にこだわって、カタルーニャを nation とは認めない、他方で、認めろという動きが、七八年以降現在まで続いているわけです。

カタルーニャでは、独裁崩壊後にジャナラリタットという自治州政府がつくられます。それまで教育言語はスペイン語に限られていたのですが、教育言語そのものにカタルーニャ語が採用されます。これを言語正常化政策といいます。七五年段階では、三〇％以上の人たちがカタルーニャ域外からの移住者でした。その多くは、アンダルシーアやムルシアからの流入者でした。そうした人たちはスペイン語しか喋れない、スペイン語しか理解できない人たちだったのです。そのなかでカタルーニャ語という言語を復権させるには、ある意味では強引な政策が必要でした。つまり、教育の現場でカタルーニャ語以外は教育言語として使ってはいけないという動きさえ出てきたのです。これに対して、カスティーリャ語での教育を受けさせろという反発も起こります。そのあたりのせめぎ合いが現在でも続いています。

さらに、経済の回復のなかで、新たな様相が広がっていきます。総じてスペインは、一九七〇年代初めまでは移民の送り出し国でした。スイスやオーストリア、ドイツへ行ってホテルに泊まるとよく従業員の話すスペイン語が聞こえてきました。そうした移民の送り出し国から、八〇年代、とりわけ九〇年代になりますと、明らかに移民の受け入れ国になっていきます。しかも、それが北アフリカ、さらに東欧、そしてラテンアメリカからということになります。スペインの他の地域だとスペイン語だけで済むのですが、カタルーニャでは言語回復運動が進められています。カタルーニャ語で教育をおこなおうとする運動があります。ですが、移民の人たちのなかには、カタルーニャに一体化しようとして入ってくる人たちはそれほど多くないのです。単なる経済的向上のステップにしようとする人たちが多いのが現状で、そうした人たちにはカタルーニャ語の学習意欲は薄いのです。なかなか厳しい状況が続いています。現在でも、カタルーニャにおけるこうした移民たちの急増と、彼らの言語的・文化的同化の問題は困難を極めています。ですが、逆に、だからこそインターカルチュラリティ（interculturality）のさまざまな実験をおこなっている地域でもあります。インターカルチュラリティという言葉を、私はここでは「多文化交流」と訳しますが、まさに「異文化理解・多文化共生」という意味で使わせていただいております。

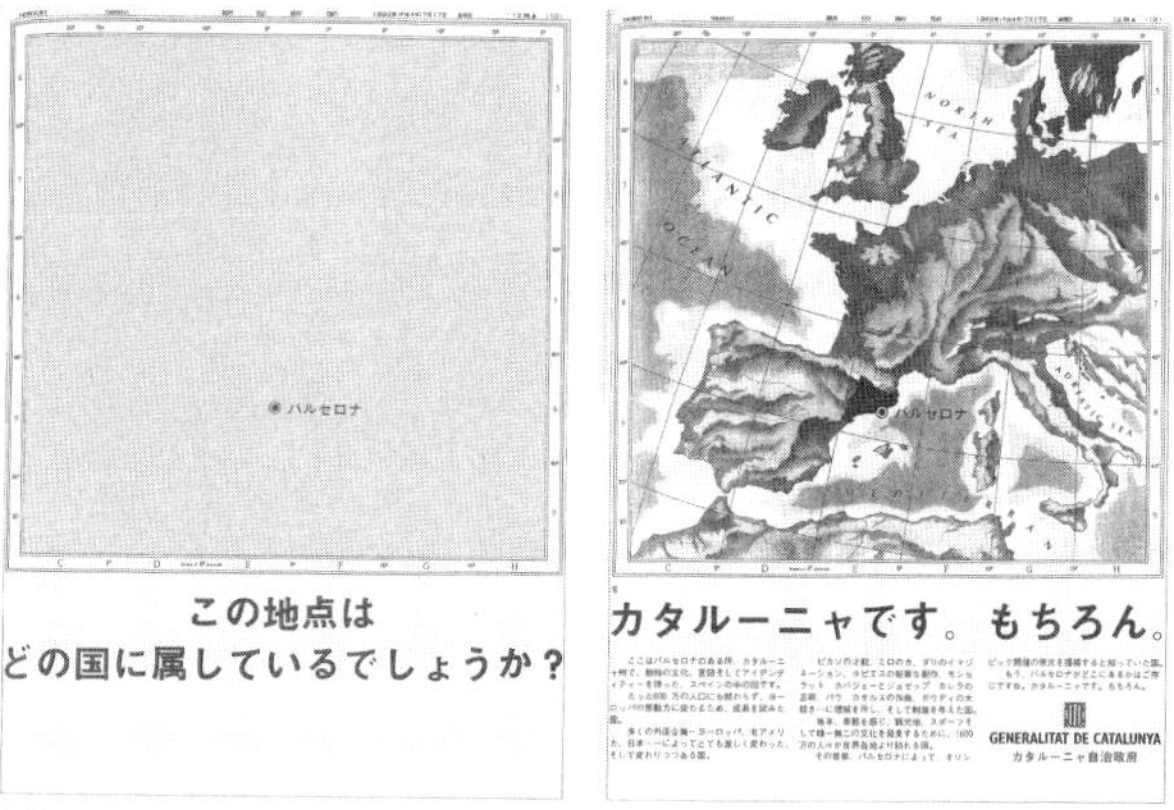

図11　1992年7月17日付朝刊『朝日新聞』のカタルーニャ州（自治）政府広告記事

アイデンティティ強化の動き

ところで、「この地点はどの国に属しているでしょうか？」という広告記事が一九九二年七月の朝日新聞に出たことを記憶されている方は、かなり年配の方ですね〔図11〕。この地点がどこかと言うと、バルセローナと書いてあります。したがって、当然スペインと答えようと思いますよね。しかし、次の面をみると「カタルーニャです。もちろん。」と書いてあります。カタルーニャ・アイデンティティが強まったことの一例といえましょう。九二年といえばバルセローナ・オリンピックが開催された年ですね。オリンピックの聖火が町々を通っていく。そうすると、“FREEDOM FOR CATALONIA”という英語の垂れ幕がこれに付随して掲げられていました。世界のテレビ局は否応なしにこれを映さざるを得ない。カタルーニャは自由ではないのか、と。こんなことができるほど自由になったカタルーニャだったのですけれども。そうして彼らは自分たちのアイデンティティを強めていきます。

その後も、いろいろなせめぎ合い、行き違いのなかで、カタルーニャの独立性というものがますます高まっていきます。カタルーニャの言語政策の極端さに対しては、確かに少数ではありますが、住民からの反発が起こりました。それに同調して、スペインの他の地域の人びとの、カタルーニャに対する反発も起こります。これに対してカタルーニャでは、自分たちはnationだという意識がますます高まっていきます。最初に触れましたが、そのなかで二〇一〇年の示威運動には、「私たちはnació（nation）だ」と、「決めるのは私たちだ」というスローガンが登場します。一昨年（二〇一三年）には、「カタルーニャ民族の主権と自決権」が宣言されます。このあたりは、日本のマスメディアでも盛んに取り上げられたところです。そして、一四年十一月九日に独立の賛否を問う非公式の住民投票がおこなわれましたが、それが投票率三七％。これが多いのか少ないのかというのは、論者によって分かれるところですが、そのうちの八割が賛成しました。つまり、有権者の三割が賛成したことになります。これを多いとみるか、少ないとみるかは、これもまた論者によって分かれるでしょう。いずれにしろ、独立の声が高まっているという状況にあります。

社会的格差の広がりに抗して

ここまでが日本の新聞で取り上げられてきたところなのですが、もう一つ大事なことがあります。つい先日（一五年五月二十四日）、地方自治体選挙が全国レベルでおこなわれました。カタルーニャの市町村でもおこなわれました。その結果、いままでのカタルーニャの動きに同調していた人にとっては、ある意味では盲点をつく結果となりました。「スペインのなかのマイノリティであるカタルーニャは、さらなる自治、また独立を求めている。だが、経済的には無理がある。独立してしまったら困るだろう」。そんなかたちの論調が日本のさまざまなマスコミのなかでありましたが、それだけではカタルーニャの現状を考えるには不十分です。カタルーニャの農村部は別にして、とりわけバルセローナは、先ほども示したように、さまざまな移民が入り込んでいる地域です。一五%以上の人たちが外国籍の移民となっています。そして、彼らを含めて多くの住民が、別の不満を持っています。社会的・経済的な弱者であるということです。

カタルーニャは、二十一世紀に入ってヨーロッパのなかでもツーリズムに成功した地域とされています。とりわけ、バルセローナの派手さというものは、日本でも盛んに紹介されています。例えば、これまで貧しくて汚い地域であったところが、建物が壊されて、公園となり、そして、その周りには博物館がつくられたり、ホテルがつくられたりしています。これまで普通の人が怖くて入れなかったような地域が、非常に快適な地域に変わっています。でも、これには二面性があります。それまでそこに住んでいた人たちはどこに追いやられたのか？　あるいはそこに居続けようとする人たちの生活はどうなっていったのか？ツーリズムに安易に傾斜したバルセローナ市のジェントリフィケーションの問題です。つまり、スポンジ化計画によって中心街に広い空間ができてくると、豊かになっているようにみえます。しかしながら、物価が高騰し不動産価格が上昇して、従来の住民たちがここに住めなくなっていくという現象が起こっています。さらに、それに輪をかけて、家賃が高騰していくので、それまで安い家賃で借りていた人、あるいはローンで家を買った人、そうした人たちが払えなくなるわけです。スペインは二〇一〇年代になりますと、いろいろな経済的問題が起こって、ローンが払えなくなる人が多かったのです。銀行は、そうした住民たちを強制的に立ち退きさせます。スペイン語ではデサウシオといいますが。強制退去ですね。そうしたことが日常的に繰り広げられています。

そのなかで、住民の生活を守ろうという住民運動が急速に台頭しました。これまでの保守的な独立派であったCiU（集中と統一）、あるいはERCといった独立派の左派、そうした既成政党が推進してきた、あるいは容認してきたさまざまな社会・経済政策に対する反発がこの間急速に高まっていったというのが事実です。ですから、蓋を開けてみると、独立を志向した保守CiUが一〇議席、それからERCが五議席、急進左派の独立主義者CUPが三議席となりました。それに対して、最大議席を獲得したのは、そういった既成左翼を離れた市民運動家によってつくられた選挙同盟「みんなのバルセローナ（Barcelona en Comú）」です。そこが一一議席を占めました。結局のところは、そことカタルーニャの社会党と共産党系が連合を組んで、市民運動家のアダ・クラウという女性が新しく市長に選ばれました。ただ、こうした現象はバルセローナだけのことではなくて、マドリードでもセビリアでも、汚職にまみれた既成政党に対する反発が起こっています。

この集会の写真をみてください（本文二一一頁参照）。この方が党首のクラウさんなのですが、彼女がこの選挙で訴えたのはこういうことです。「車いすに乗った人さえ家を立ち退かされる」と。先に述べましたように、貧しい人びとの強制退去の記事が、この数年間盛んにスペイン国内では取り上げられていたのです。こうした人たちの声を結集した、あるいは移民の声を結集した政党連合も出てきました。クラウさんは、「経済的危機からの脱却、雇用の新たな創出、社会的不平等の解消」を前面に出して選挙戦を闘いました。

図 12　クラウ市長の就任演説に集った人びと

カタルーニャはどこに行くのか

さあ、今後どうなっていくのか？　カタルーニャはどこへ行くのか？　私たちには予測がつきません。カタルーニャ・ナショナリズムがさらに高まっていくのか？　あるいは、それに対してスペイン統合を望む人びとの巻き返しがあるのか？　しかしながら、今やグローバルな社会になって単一の領域的アイデンティティというかたちで物事を解決できる時代ではないのだということ、それだけは押さえておく必要があります。カタルーニャという領域内でカタルーニャ・ナショナリズムが圧倒的マジョリティになっていく、あるいは独立を志向するのならば、そのときにはこうした声をきちんと受け止めていく必要があるのではないかと思います。

これまでのカタルーニャの示威運動とは対照的な写真を最後に挙げたいと思います。これまでの数年間の運動のなかでは、確かにカタルーニャの旗（黄色地に四本の赤い筋）が翻り続けていました。この写真は、クラウさんがバルセローナ市役所の前で就任演説をおこなっているときのものです（二〇一五年六月十三日）〔図12〕。私は政治的に熱くはないのですが、この光景をみて大変感動させられました。ここには老若男女、とりわけ貧しい人たちが普通の格好で、そしてナショナルなシンボルを掲げずに集まっています。私は、これは、インターカルチュラリティを予想させるものであると思うのです。こうした光景こそが、今後の二十一世紀の大きな動きを予想させるものではないかと密かに期待しております。少し歴史家としてはいい過ぎたというか、入り込み過ぎた講演になってしまいましたが、「歴史のなかのカタルーニャ・アイデンティティ」、それがさまざまに変化し、今後どうなっていくか？　少しでも考える材料となれば幸いです。ご清聴いただき、ありがとうございました。

基本参考文献

＊ここでは、比較的入手しやすい邦語文献を中心に取り上げた。カタルーニャを含むスペインの歴史全般に関しては、関・立石・中塚編著『世界歴史大系』巻末の「参考文献」を参照されたい。

Ⅰ　カタルーニャの概説・歴史

M・ジンマーマンほか著（田澤耕訳）『カタルーニャの歴史と文化』文庫クセジュ（白水社、二〇〇六年）
関哲行・立石博高・中塚次郎編著『世界歴史大系 スペイン史　1 古代－近世　2 近現代・地域からの視座』全二巻（山川出版社、二〇〇八年）
田澤耕著『カタルーニャを知る事典』（平凡社新書、平凡社、二〇一三年）
立石博高・奥野良知編著『カタルーニャを知るための50章』（明石書店、二〇一三年）

立石博高・中塚次郎編著『スペインにおける国家と地域―ナショナリズムの相克』（国際書院、二〇〇二年）
山道佳子ほか著『近代都市バルセロナの形成―都市空間・芸術家・パトロン』（慶應義塾大学出版会、二〇〇九年）
ロバート・ヒューズ著（田澤耕訳）『バルセロナ―ある地中海都市の物語』（新潮社、一九九四年）
BALCELLS, Albert, *Catalan Nationalism. Past and Present*, Palgrave Macmillan, 1996.
ELLIOTT, J. H., *Scots & Catalans. Union & Disunion*, New Haven: Yale University Press, 2018.
SMITH, Angel, *The Origins of Catalan Nationalism, 1770-1898*, Palgrave Macmillan, 2014.
VARGAS, Michael A., *Constructing Catalan Identity. Memory, Imagination, and the Medieval*, Palgrave Macmillan, 2018.

Ⅱ　カタルーニャの言語に関する考察

渋谷謙次郎編『欧州諸国の言語法』（三元社、二〇〇五年）

竹中克之「カタルーニャのカタルーニャ語――言語正常化政策の道程と将来への展望」、坂東省次・浅香武和編『スペインとポルトガルのことば』（同学社、二〇〇五年）所収
立石博高「カタルーニャ・ナショナリズムと『言語』」、中嶋嶺雄編『変貌する現代世界を読み解く言葉』（国際書院、一九九七年）所収
塚原信行「言語政策から言語権政策へ――カタルーニャの言語政策を事例として」、ましこ・ひでのり編『ことば／権力／差別――言語権からみた情報弱者の解放』（三元社、二〇〇六年）所収
中嶋茂雄著『少数言語の視点から――カタルーニャ語を軸に』（現代書館、二〇〇八年）
松本純子「カタルーニャ自治州におけるカタルーニャ語の保護と振興」、『名古屋外国語大学外国語学部紀要』49号、二〇一五年

Ⅲ　現代カタルーニャの社会政治状況

エドゥアルド・メンドサ著（立石博高訳）『カタルーニャでいま起きていること――古くて新しい、独立をめぐる葛藤』（明石書店、二〇一八年）

奥野良知「カタルーニャにおける独立志向の高まりとその要因」、『愛知県立大学外国語学部紀要（地域研究・国際学編）』47号、二〇一五年
奥野良知「自治を求めるカタルーニャの背景――それは民族の相克か？」、竹中克之編『グローバル化と文化の境界――多様性をマネジメントするヨーロッパの挑戦』（昭和堂、二〇一五年）
奥野良知「カタルーニャの独立へ向けた「プロセス procés」の現状（二〇一七年一月時点）と経緯」、『共生の文化研究』（愛知県立大学多文化共生研究所）11号、二〇一七年三月
奥野良知「カタルーニャはなぜ独立を求めるのか？――補論：２０１７年10月１日の住民投票と12月21日の選挙結果」、『共生の文化研究』（愛知県立大学多文化共生研究所）12号、二〇一八年三月
奥野良知「カタルーニャ・スペイン問題――問われているのはスペインの多様性、民主主義、人権」、奥野良知編著『地域から国民国家を問い直す』（明石書店、二〇一九年）
狐崎知己・山道佳子・飯島みどり「対談『カタルーニャ独立』論議の落とし穴」、『世界』二〇一八年九月
竹中克之著『多言語国家スペインの社会動態を読み解く――人の移動と定着の地理学が照射す

る格差の多元性』（ミネルヴァ書房、二〇〇九年）
田澤耕「カタルーニャを揺るがす民族の悲願 傷つけられた誇りと経済危機の重圧」、『中央公論』129巻12号、二〇一四年十二月
田澤耕「カタルーニャ、独立へのロードマップ――自治州大統領アルトゥール・マスの決断」、『中央公論』130巻2号、二〇一五年二月
立石博高・奥野良知編著『カタルーニャを知るための50章』（明石書店、二〇一三年）
立石博高「〈講演〉歴史のなかのカタルーニャ・アイデンティティ」、大阪大学言語社会学会『EX ORIENTE』Vol. 23、二〇一六年
八嶋由香利「ヨーロッパ統合の中の『国』づくり」――カタルーニャ『独立問題』の背景にあるもの」、『歴史学研究』932号、二〇一五年六月
八嶋由香利「世界の潮　カタルーニャ独立問題――地域ナショナリズム噴出の背景」、『世界』二〇一七年十二月
横田正顕「危機の中のスペイン自治州国家――再集権化とカタルーニャ独立問題」、『法学』（東北大学法学会）第80巻第1号、二〇一六年

BEL, Germà, *Disdain, Distrust and Dissolution: The Surge of Support for Independence in Catalonia*, Brighton: Sussex Academic Press, 2015.

MINDER, Raphael, *The Struggle for Catalonia: Rebel Politics in Spain*, London: Hurst & Co Publishers Ltd, 2017.

Ⅳ　自治州国家体制とカタルーニャ州

ウィルフリード・スウェンデン著（山田徹訳）『西ヨーロッパにおける連邦主義と地域主義』（公人社、二〇一〇年）

中島晶子著『南欧福祉国家スペインの形成と変容――家族主義という福祉レジーム』（ミネルヴァ書房、二〇一二年）

永田智成「スペインにおける自治州国家制の導入とその効果」、松尾秀哉ほか編『連邦制の逆説？――効果的な統治制度か』（ナカニシヤ出版、二〇一六年）

永田智成「自治州国家体制の発展と医療制度」、小谷眞男・横田正顕編『新世界の社会福祉 4 南欧』（旬報社、二〇一九年）所収

ホセ・M・カスティーヤ「危機時におけるスペインの自治州国家」、山田徹編『経済危機下の分権改革――「再国家化」と「脱国家化」の間で』（公人社、二〇一五年）所収
横田正顕「スペインにおける非対称的・競争的『連邦制』の展開――その構造と力学」、『法学』（東北大学法学会）第72巻第6号、二〇〇九年

あとがき

本書『歴史のなかのカタルーニャ』は、二〇〇八年に著した論稿「近現代のカタルーニャ」（『世界歴史大系スペイン史』第二巻、所収）に加筆修正をおこなうかたちで、中世から現代にいたるカタルーニャの歴史の概要を述べるとともに、とくに一〇年代から高まっているカタルーニャの分離独立主義の動きを批判的に考察したものである。そこでは、カタルーニャの「国民史」が史実化しようとする「神話」に絡み取られないように注意した。さらに「補遺」として、一五年六月におこなった講演録「歴史のなかのカタルーニャ・アイデンティティ」をほぼそのまま転載した。というのもこれは、筆者の領域アイデンティティについての基本的立場を表明したものだからである。

本書の内容は二〇一九年八月時点までのカタルーニャに関する筆者の現状認識にもとづいたものであるが、そのとき以後、この「あとがき」を執筆している時点（一九年十二月末）でも、カタルーニャをめぐる政治状況にはかなりの変化がみられる。スペイン国内政治では、一九年十一月十日に総選挙がおこなわれて社会労働党がふたたび第一党になったものの、組閣にあたってはより左派の政党ポデモスとの連立だけでは過半数議席を占めることができず、とくにERC（カタルーニャ共和主義左翼）からの支援を受けざるを得ない状況にある。しかしERCは、一方的な独立宣言の可能性に関しては態度を曖昧にしつつも、党首ジュンケーラスの投獄に対しては釈放を強く求めている。

二〇一七年十月一日に「カタルーニャ民族自決権レファレンダム」を強行したカタルーニャ州政府の副首相であったジュンケーラスに対しては、一九年十月十四日の最高裁判所の判決で「内乱と公金横領」の罪で一三年間の禁錮刑が確定した。だが、収監中の同年五月に欧州議会選挙がおこなわれ、ジュンケーラスは同議会議員に選出されている。その直接選挙の有効性が問われていたが、同年十二月二十日、欧州裁判所はジュンケーラスの議員就任を認める判断を下した。したがって、スペイン最高裁判所の禁錮刑決定と欧州裁判所の議員資格認定（それに伴う議員としての不逮捕特権）のどちらが優先されるのか、微妙な状況が生まれている。

だが、本書で問題としたかったのは、刻々と変わるスペインとカタルーニャの政治状況ではない。ほぼ四〇年が経過したポストフランコの「自治州国家」体制はさまざまな面でほころびを見せている（参考文献掲載の永田氏、横田氏の論稿を参照）。本書ではこのことに焦点をあてなかったが、すでに二〇一三年に筆者は次のように述べている。

《「カタルーニャはどこへ行くのか？（クオ・ヴァディス、カタロニア）」。それを安易に予見することはできない。しかしスペインが、一九七八年憲法を金科玉条のごとくに遵守して「自治州国家」体制を維持し続けていくことは困難であろう。カタルーニャ、バスク地方、ガリシアといった「ネイション」を志向する諸地域には他の自治州より広範囲の自治権を認めて自治州間の差別化をはかる「不均整な連邦制（フェデラリスモ・アシメトリコ）」へと向かうのか、大きな岐路に立たされている。いずれにしろ、ラモン・タマメス（一九七六年に『スペインはどこに行くのか？（クオ・ヴァディス、ヒスパニア）』を著し、スペインの経済社会構造の変革とともに政治的民主化の必要性を説き、諸民族体の自治権を擁護した。）がほぼ四〇年前に述べた『将来のスペイン国家は、多民族的（プルリナシオナル）にかたちづくられるであろう』という言葉が、現実味をもって語られるようになっている。》

しかし本書で繰り返し述べたように、少数言語地域、少数民族地域もまた自己完結的ではない。現実には、小さな領域的マイノリティのなかに、さらなるマイノリティが内包されている。そして移民問題であれ、社会的格差の問題であれ、マイノリティの抑圧はいかなるレベルであれ、無視してはならないし、ほかの大状況をもちだして小状況のなかでの抑圧を正統化することはできない。つまり、こうした包摂と排除の入れ子的構造を無視しては、真に民主主義や人権を語ることはできないのである。そして、こうした観点こそが、いまカタルーニャで理想を語り、分離独立を至上命題とする人びとに欠けているものだと言わざるをえない。

だからこそ問題は複雑である。本文で引用したメンドサの言葉を繰り返したい。「現在に生きること、将来を考えること、そして人びとの現実的諸問題に配慮することが肝要なのだ。」

二〇一九年十二月　くる年に期待を込めて

立石　博高

〔著者紹介〕

立石博高（たていし・ひろたか）
1951年生まれ。東京外国語大学名誉教授。
主要著書：『スペイン帝国と複合君主政』（編著，昭和堂，2018），『スペインの歴史を知るための50章』（共編著，明石書店，2016），『概説 近代スペイン文化史』（編著，ミネルヴァ書房，2015），『国民国家と市民――包摂と排除の諸相』（共編著，山川出版社、2009年），『世界の食文化 14 スペイン』（農山漁村文化協会，2007），『国民国家と帝国――ヨーロッパ諸国民の創造』（共編著，山川出版社、2005），『スペイン歴史散歩――多文化多言語社会の明日に向けて』（行路社，2004），『スペイン・ポルトガル史』（編著，山川出版社，2000）

【写真提供】
ユニフォトプレス，ほか

歴史《れきし》のなかのカタルーニャ
史実化《しじつか》していく「神話《しんわ》」の背景《はいけい》

2020年2月20日　第1版第1刷印刷　　2020年2月29日　第1版第1刷発行

著　者　立石博高
発行者　野澤伸平
発行所　株式会社 山川出版社
〒101-0047　東京都千代田区内神田1-13-13
電話　03(3293)8131(営業)　03(3293)1802(編集)
https://www.yamakawa.co.jp/
振替　00120-9-43993

印刷所　株式会社太平印刷社
製本所　株式会社ブロケード
装　幀　グラフ
本　文　梅沢　博

　ISBN978-4-634-15162-8 C0022